FACHWERK CHEMIE

Nordrhein-Westfalen Gesamt…

Lösungen

Cornelsen

FACHWERK CHEMIE
Lösungen

Autorinnen und Autoren:
Elke Freiling-Fischer, Andreas Harm, Manfred Lang,
Alexandra Ranieri, Dr. Juliane Schink, Wilfried Wagner

Redaktion:
Sarah Höxter, Astrid Koch

Grafik:
Peter Hesse

Layout und technische Umsetzung:
zweiband.media, Berlin

Umschlaggestaltung:
Zweimanns Grafik

Bildquellen:
Titel: Farbtuben / Shutterstock / Dzulius
Mädchen mit Schutzbrille: Corbis / Frederic Cirou / Photo Alto
Eis: StockFood GmbH / Schieren, Bodo A.
Papierchromatografie: Andreas Kometz (Nürnberg), Rosemarie Stiefel (Halle / Saale)
Streichholz: Shutterstock / Aleksandr Stennikov
Lagerfeuer: iStockphoto / MrsVega
Eisberg: Corbis / Paul Souders
Metallkunst (Tiger & Turtle): Thomas Mayer / thomasmayerarchive.de / VG Bild-Kunst, Bonn 2012
Feuerwerk: Fotolia / Volker Riechert
Atomium: Interfoto / THE TRAVEL LIBRARY / Frank Fell
Saline: picture alliance / blickwinkel
Mädchen mit Zitronen vor den Augen: mauritius images / imagebroker / Dr. Wilfried Bahnmüller
Segway-Fahrer: Fotolia / Christophe Fouquin
Mann mit Campingkocher: mauritius images / Alamy
Trauben: Fotolia / andrewhagen
Frühstückstisch mit Lebensmitteln: Shutterstock / Aleksei Potov

www.cornelsen.de

1. Auflage, 3. Druck 2017

Alle Drucke dieser Auflage sind inhaltlich unverändert und können im Unterricht nebeneinander verwendet werden.

Druck:
Bosch-Druck GmbH

ISBN 978-3-06-014716-8

PEFC
PEFC/04-31-1575

PEFC zertifiziert
Dieses Produkt stammt aus nachhaltig bewirtschafteten Wäldern und kontrollierten Quellen.
www.pefc.de

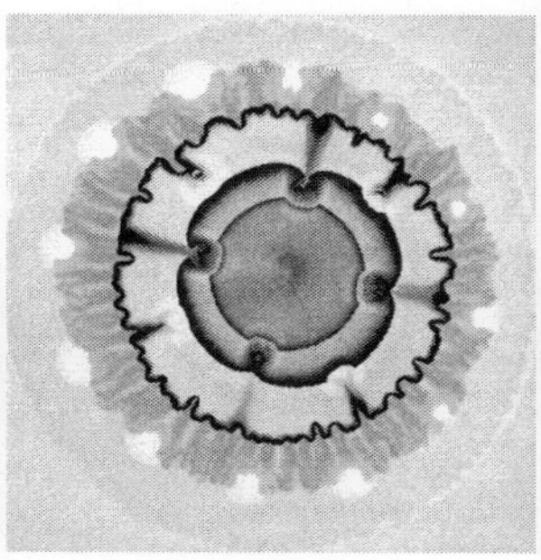
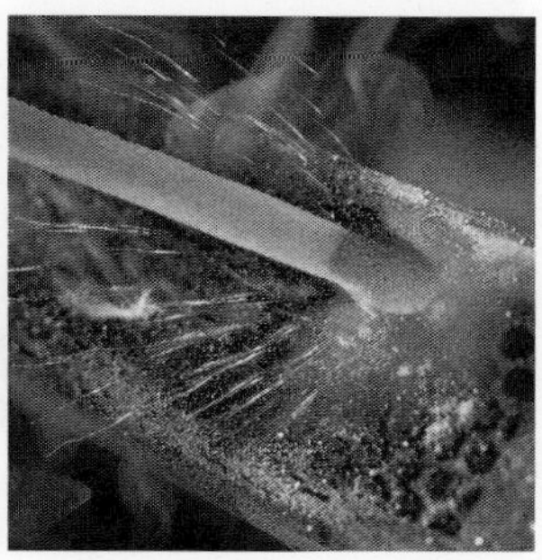

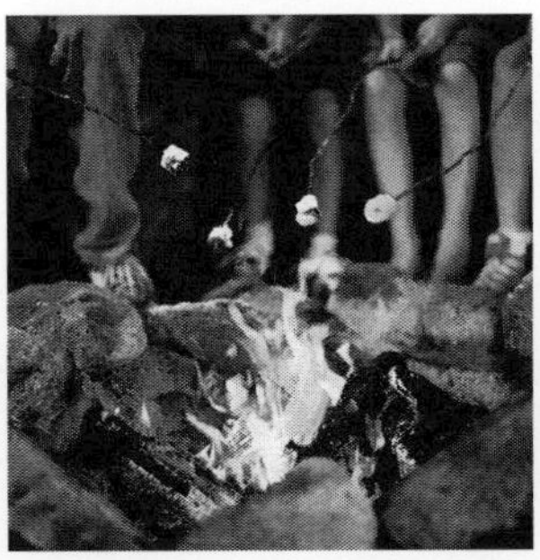

Energie aus chemischen Reaktionen 38

Kohlenwasserstoffe – Energieträger und Rohstoffe 41

Von den Alkoholen zu den Carbonsäuren 48

Produkte der Chemie 52

Mein neues Fach – Chemie!

Ohne Chemie geht nichts

S. 12

1 Chemie begegnet uns bereits morgens beim Frühstück, wenn wir ein Müsli essen. Sie trägt außerdem dazu bei, dass wir mit dem Fahrrad oder Bus bequem zur Schule gelangen. Computer und Handys bestehen ebenfalls aus vielen chemischen Stoffen.

2 Morgens nach dem Aufstehen würde man sich nur mit Wasser waschen und zum Frühstück nur auf Nahrungsmittel aus eigenem Anbau zurückgreifen. Für die Herstellung von Kleidung sowie den Bau und die Einrichtung einer Wohnung müsste man auf Materialien aus der Natur zurückgreifen. Der Schulweg würde zu Fuß absolviert werden und die dort wichtigen Inhalte würden in Steinplatten geritzt oder sich gegenseitig erzählt. Die vorhandenen Sportgeräte würden nur aus Naturmaterialien wie z. B. Holz und Stein bestehen. Die Verabredungen für den Nachmittag müssten in der Schule passieren, da man nicht über Handy, Telefon oder Computer kommunizieren könnte. Auch Nachrichten würden sich wegen fehlenden Radios und Fernsehern viel langsamer verbreiten.

Exkurs – Berufe aus dem Bereich der Chemie

S. 13

1 Stoffprüferinnen arbeiten hauptsächlich in Firmen der physikalischen, chemischen oder technischen Untersuchung und Beratung. Sie sind unter anderem in Materialprüfungs- und Untersuchungsämtern oder in der Abfallwirtschaft tätig.

2a Ingenieur/-in für Chemietechnik: Fachhochschulreife; Chemikant/-in, Lacklaborant/-in und Chemielaborant/-in: keine rechtlichen Bestimmungen, aber in der Praxis wird der mittlere Bildungsabschluss verlangt
b Ingenieure und Ingenieurinnen für Chemietechnik erforschen, entwickeln, planen, überwachen und verbessern chemische und physikalische Verfahren unter anderem in der chemischen, Kunststoff verarbeitenden und pharmazeutischen Industrie. Dabei geht es um die Herstellung neuer Produkte z. B. in den Bereichen Abwassertechnologie, Luftreinhaltung, Apparate- und Anlagenbau. Auch in chemischen Untersuchungslabors sowie in Forschung und Entwicklung sind Ingenieure und Ingenieurinnen für Chemietechnik tätig.

Chemikanten und Chemikantinnen steuern und überwachen Maschinen und Anlagen für die Herstellung, das Abfüllen und Verpacken chemischer Erzeugnisse. Hauptsächlich arbeiten sie in Unternehmen der chemischen (Groß-)Industrie, z. B. bei Herstellern von Düngemitteln, Farben, Klebstoffen.

Lacklaboranten und -laborantinnen arbeiten in Labors an der Entwicklung neuer Beschichtungsstoffe mit oder sie untersuchen Farben bzw. Lacke. Hierfür planen sie Versuche, führen diese durch und dokumentieren und analysieren die Ergebnisse am Computer. Darüber hinaus beurteilen sie die Oberflächenbeschaffenheit von Untergründen und Lacken und prüfen die Haltbarkeit von Beschichtungen.

Chemielaboranten und -laborantinnen sind an Untersuchungen und Versuchsreihen meist im Labormaßstab (Abgrenzung zum / zur Chemikanten/Chemikantin) beteiligt. Sie analysieren Stoffe, trennen Stoffgemische und stellen chemische Substanzen her, wobei sie auch für die exakte Dokumentierung und die anschließende Auswertung ihrer Ergebnisse verantwortlich sind. Chemielaboranten und -laborantinnen arbeiten in der Regel in Forschungs-, Entwicklungs- und Produktionslabors der chemischen und pharmazeutischen Industrie sowie der Nahrungsmittel- bzw. Kosmetikindustrie. Sie werden aber auch in naturwissenschaftlichen und medizinischen Instituten und sogar an Hochschulen beschäftigt.

Exkurs – Chemie gestern und heute

S. 14

1 Vor 4000 Jahren balsamierten die Ägypter ihre Toten ein, um sie vor dem Zerfall zu schützen. Traubensaft wurde bei ihnen bereits zu Alkohol vergoren. Make-ups, Parfüms, Öle, Metalle und Farbstoffe stellten die Ägypter auch schon zur damaligen Zeit her.

2 Nach dem Waschen des Leichnams wurden zuerst das Gehirn und die Eingeweide aus dem Körper entfernt. Nach dem Reinigen der Bauchhöhle mit aromatischen Ölen wurde der Körper mit Myrrhe und anderen Stoffen gefüllt. Um die innere Verwesung aufzuhalten, wurde dem Körper mit einem hygroskopischen Mittel (z. B. Natron) das Wasser entzogen. Die Natronbehandlung dauerte bis zu 50 Tage. Abschließend wurde der Körper abermals mit Ölen behandelt und sorgfältig einbandagiert.

3 Unter dem „Stein der Weisen" verstanden die Alchemisten eine Substanz, mit der es möglich sein sollte, unedle Metalle in Silber oder sogar Gold zu verwandeln. Einige Alchemisten glaubten auch, dass sich aus dem „Stein der Weisen" eine Universalmedizin gewinnen lasse.

4 Man würde die noch vorhandenen Plastikgegenstände wie Plastiktüten, Spielzeug und Gebrauchsgegenstände in der Küche so lange wie möglich verwenden und dem Recyceln, z.B. von Plastikflaschen, eine viel größere Bedeutung zuschreiben. Allerdings würden gerade Getränkeflaschen nach und nach durch Glasflaschen oder Metalldosen ersetzt. Bei der Herstellung von Kinderspielzeug würde man wieder auf Materialien wie Holz oder Textilfasern aus der Natur zurückgreifen. Es würden weniger medizinische Produkte und elektronische Geräte zur Verfügung stehen. Insgesamt würde die Menge an Verpackungsmüll verringert und die Umweltbelastung somit reduziert werden.

Exkurs – Geräte im Labor – Blick in eine Apotheke

S. 15

1 Individuelle Beantwortung durch die Schülerinnen und Schüler. Beispiele:

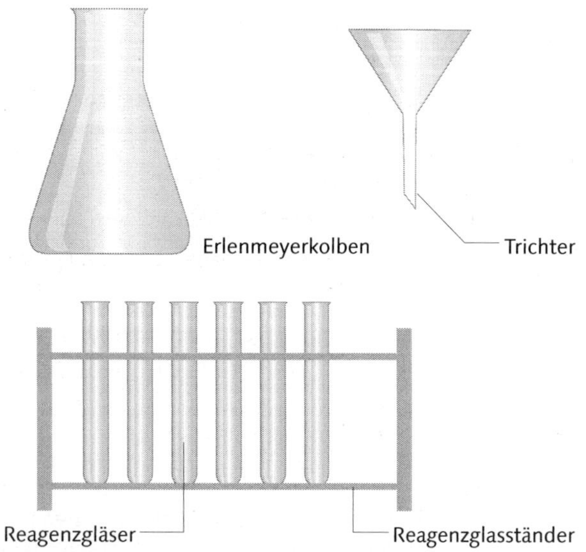

2 Mit einer Spritzflasche füllt man 27 ml Wasser in einen Messzylinder. Den Inhalt überführt man anschließend in einen Erlenmeyerkolben.

3 Flüssigkeiten wie Wasser oder Milch werden mit einem Messbecher abgemessen. Feste Substanzen werden in der Regel mit einer Waage gewogen. Zucker oder Mehl hingegen können auch mit einem Messbecher abgemessen werden, da für diese beiden Substanzen extra Skalen auf dem Messbecher aufgetragen sind.

Der Chemieraum – ein besonderer Raum in deiner Schule

S. 17

1 a Individuelle Beantwortung durch die Schülerinnen und Schüler. Beispiel:

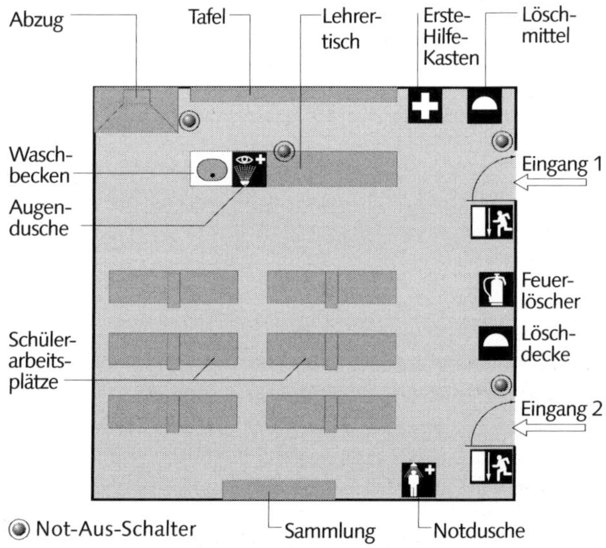

b

Sicherheitseinrichtung	Diese Sicherheitseinrichtung wird benötigt …
Erste-Hilfe-Kasten	… bei Verletzungen im Chemieraum.
Feuerlöscher	… bei einem Brand im Chemieraum.
Löschdecke	… bei einem Brand im Chemieraum.
Löschsand	… bei einem Brand im Chemieraum.
Augendusche	… um Chemikalien aus den Augen zu spülen.
Not-Aus-Schalter	… um alle Strom- und Gaszuführungen zu unterbrechen.
Fluchttür	… bei einem Brand im Chemieraum oder einem Feueralarm.

2 Ich darf mich im Chemieraum nie ohne Lehrerin oder Lehrer aufhalten. Geräte, Schalter und Chemikalien dürfen niemals ohne Aufforderung der Lehrkraft berührt werden. Ich darf im Chemieraum nicht essen und trinken und muss mich immer diszipliniert verhalten.

3 Ich sorge zuerst dafür, dass Gefahrenquellen wie z. B. brennende Teclubrenner ausgemacht werden, und sage sofort der Lehrkraft Bescheid. Für Verletzungen beim Experimentieren gibt es einen Erste-Hilfe-Kasten. In dringenden Fällen wird die allgemeine Notrufnummer 112 gewählt.

Erhitzen im Chemieunterricht

S. 19

1

Bauteil	Funktion
Brennerrohr	Am oberen Ende des Brennerrohres wird das Gas entzündet.
Gasdüse	Dreht man die Gaszufuhr auf, strömt Gas kontrolliert durch eine feine Düse in das Brennerrohr.
Luftregler	Durch Verstellen des Luftreglers lassen sich verschiedene Flammentypen einstellen.
Gasregler	Der Gasregler dient zur Regulierung der Gaszufuhr.
Brennerfuß	Der Brennerfuß gewährleistet einen sicheren Stand des Brenners.

2 Mit dem Teclubrenner lassen sich drei verschiedene Flammentypen erzeugen: eine leuchtende, eine nicht leuchtende und eine rauschende Flamme. Die leuchtend gelbe Flamme hat eine Temperatur von ca. 900 °C und rußt sehr stark. Wenn man den Luftregler langsam öffnet, erhält man die nicht leuchtende Flamme. Die Temperatur dieser Flamme ist für die meisten Experimente gut geeignet. Außerdem rußt diese Flamme fast gar nicht. Öffnet man den Luftregler noch weiter, hört man ein Rauschen. Gleichzeitig ist ein Innen- und ein Außenkegel erkennbar. An der Spitze des Innenkegels können Temperaturen von ca. 1500 °C erreicht werden. Die rauschende Flamme rußt gar nicht.

3 Bei der Arbeit mit dem Teclubrenner sollte man auf brüchige Schläuche und eine gute und stabile Verbindung zwischen Brenner und Hahn achten. Zudem muss nach dem Öffnen des Gashahns das Gas sofort entzündet werden, damit sich nicht eine zu große Menge unverbrannten Gases im Raum sammelt.

4 Da bei der Erwärmung mit einer offenen Flamme die Gefahr einer Entzündung sehr groß ist, sollte bei einer leicht entzündlichen Flüssigkeit eine Heizplatte verwendet werden.

Kennzeichnung und Entsorgung von Chemikalien

S. 23

1 Überall auf der Welt gibt es Menschen, die in Alltag und Beruf in Kontakt mit Chemikalien kommen. Sie alle nutzen unterschiedliche Sprachen und Symbole. Ein globales und einheitliches Kennzeichnungssystem erleichtert diesen Menschen und auch Analphabeten den Umgang mit Chemikalien, besonders wenn sie in einem fremden Land sind.

2 Das überschüssige Eisenpulver darf auf keinen Fall zurück in den Vorratsbehälter gegeben, sondern muss fachgerecht entsorgt werden.

3 Individuelle Beantwortung durch die Schülerinnen und Schüler.

4 Da es sich um eine ätzende Chemikalie handelt, wird diese im Sammelgefäß für saure und alkalische Abfälle oder im Sammelgefäß für giftige anorganische Abfälle entsorgt.

Exkurs – Gefahrstoffe um uns herum

S. 24

1 Einige Inhaltsstoffe von Reinigungsmitteln stehen im Verdacht, Allergien und Hautreizungen auszulösen. In schweren Fällen können auch Vergiftungserscheinungen auftreten.

2 Individuelle Beantwortung durch die Schülerinnen und Schüler.

3 Kalkablagerungen in Elektrogeräten, Kochtöpfen oder an Armaturen in Bad oder Küche lassen sich mit Essig- oder Citronensäure umweltschonend entfernen. Biologisch abbaubare Waschnüsse werden zum Waschen von Kleidungsstücken verwendet.
Biologisch abbaubare Reinigungsmittel, die besonders umweltverträglich sind, erkennt man beim Einkauf an den Umweltzeichen „Blauer Engel" oder „Euroblume". Diese Siegel bewerten, wie umweltschonend das betreffende biologisch abbaubare Reinigungsmittel im Vergleich zu anderen Produkten ist.

4 Kinder und Erwachsene könnten die gefährlichen Stoffe mit Lebensmitteln verwechseln und die Gefahrstoffe einnehmen.

5 Sind Reste des Eingenommenen noch im Mund des Kindes, kann man versuchen, diese mit einem Finger aus dem Mund zu entfernen.

Ist der Giftstoff bekannt und zeigt das Kind keine Vergiftungserscheinungen, ruft man den Giftnotruf 030 19240 oder den Kinderarzt an.

Ansonsten die ärztliche Hilfe über den Notruf 112 rufen oder sofort eine Ambulanz aufsuchen. Reste des Eingenommenen oder Erbrochenen aufbewahren und alles mit zum Arzt nehmen. Dem Kind nichts zu essen oder zu trinken geben, vor allem Milch ist gefährlich.
Kind nicht gezielt erbrechen lassen.
Bei der Aufnahme von stark ätzenden Stoffen, die z. B. in Spülmaschinen-, Toiletten- und Haushaltsreinigern enthalten sind, muss das Kind viel trinken, um die giftige Substanz zu verdünnen (Wasser, Tee). Es darf auf keinen Fall erbrechen, da Verätzungsgefahr für Speiseröhre und Mund besteht.

6 Putz-, Spül- und Waschmittel sowie Medikamente sollten verschlossen aufbewahrt werden. Bei Chemikalien auf kindersichere Verschlüsse achten. Chemikalien niemals in Lebensmittelverpackungen umfüllen. Zigarettenstummel und -packungen auf keinen Fall offen herumliegen lassen. Alkohol immer in für das Kind unerreichbaren Schränken aufbewahren. Auf giftige Pflanzen im Garten oder auf dem Balkon verzichten.

Stoffe und Stoffeigenschaften

Körper und Stoffe im Alltag

S. 33

1 Baum, Brett, Sägespäne, Tisch

2 Individuelle Beantwortung durch die Schülerinnen und Schüler. Beispiel:

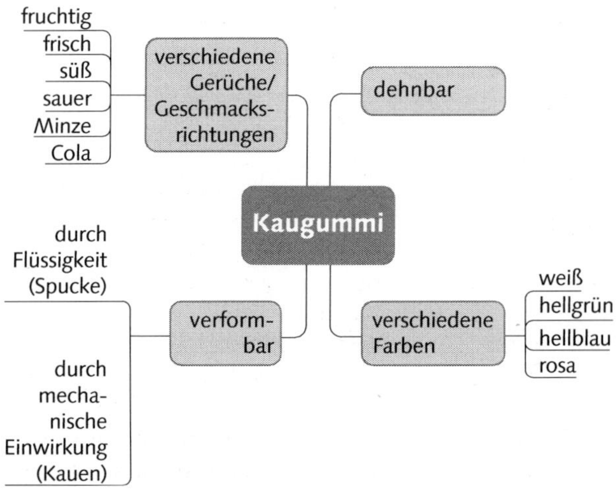

3 a,b

Stoff	Körper
Holz	Pyramide
Wachs	Kerze
Wasser	Eiswürfel
Silber	Ring
Gummi	Tafel
Schokolade	Kugel
Glas	Blumenvase

4 Eisendraht, Eisenblech und Eisenpulver sind Stoffe, die aus demselben Stoff (Eisen) bestehen, aber in unterschiedliche Formen gebracht wurden und deshalb in unterschiedlichen Körpern vorliegen.

5 Ein schreibbereiter Füller besteht aus einem Plastikgehäuse, einer Metallfeder, einer Kanüle aus Hartplastik, einer Patrone aus durchsichtigem Kunststoff und flüssiger Tinte.

Mit Sinnen erfahrbare Stoffeigenschaften

S. 35

1

2

Stoff	Beschreibung der Oberfläche
Alufolie	glatt, verformbar, kalt
Porzellan	hart, glatt, kalt
Kochsalz	hart, kantig, glatt
Papier	glatt, verformbar

3 Die Geschmacksprobe ist im Labor verboten, da hier mit Chemikalien gearbeitet wird, die gesundheitsschädlich sein können. Da teilweise auch schon geringe Mengen giftig sind, könnten auch „sauber" aussehende Gefäße oder Tische verunreinigt sein.

4 Zucker und Salz sind geruchlos, sodass sie sich durch ihren Geruch nicht unterscheiden lassen. Kakao lässt sich aber anhand von Geruch, Aussehen und ggf. Tastempfindungen von Zucker und Salz abgrenzen. Die Unterscheidung zwischen Salz und Zucker kann man eventuell durch genaues Hinsehen und viel Erfahrung treffen.

Stoffeigenschaften – mit einfachen Mitteln bestimmt

S. 36

1 Der Stein muss einen magnetischen Stoff – vermutlich Eisen – enthalten und wird deshalb angezogen.

2

Gegenstand	magnetisch	nicht magnetisch
Jeansknopf	x	x
Schuhsohle		x
Anspitzer	x	x
Schmuck	x	x

Jeansknopf, Anspitzer und Schmuck sind nur magnetisch, wenn sie Nickel enthalten.

3 Brennspiritus, Reinigungsbenzin, Feuerzeuggas, Grillanzünder

Aggregatzustände und Übergänge

S. 38

1 *Fester Aggregatzustand:* Holz, Metall, Kunststoff, Gummi, Glas, Porzellan, Papier, Pappe, Stein, Salz, Zucker, Alufolie, Kakaopulver, Kreide
Flüssiger Aggregatzustand: Wasser, Essig, Apfelsaft, Tinte
Gasförmiger Aggregatzustand: Helium, Luft
Feststellung: Bei Raumtemperatur sind die meisten Stoffe fest.

2a Warme Luft kann viel mehr Wasser aufnehmen als kalte. Kommen Brillenträger von draußen, sind ihre Brillengläser viel kälter als die Lufttemperatur in der Bäckerei. Die Luft kühlt sich an den Gläsern ab, wodurch sie nicht mehr so viel Wasser aufnehmen kann. Deshalb kondensiert das Wasser und die Brille beschlägt.
b In der Gefriertruhe herrschen deutlich niedrigere Temperaturen als Raumtemperatur. Gelangt die warme Luft an die kalten Innenwände der Gefriertruhe, resublimiert das gasförmige Wasser, weil kalte Luft im Gegensatz zu warmer viel weniger Wasser aufnehmen kann, die maximale Sättigung der Luft erreicht und überschüssiger Wasserdampf abgegeben wird. Aufgrund der tiefen Temperaturen gefriert der Wasserdampf sofort (Resublimation).
c Die Wäschestücke werden erst hart, weil das Wasser in den nassen Wäschestücken gefriert. Wenn im Winter die Luft trocken genug ist und die Temperaturen unter 0 °C sind, kann Wasser direkt vom festen in den gasförmigen Aggregatzustand übergehen. Diesen Vorgang nennt man Sublimation.

Messbare Stoffeigenschaften

S. 43

1

2 a Der Stoff hat eine Dichte von 10,2 g/cm^3.
b Bei dem Stoff könnte es sich um Silber handeln.

3a Das Metall Silber leitet die Wärme des heißen Tees gut ab. Der Löffel wird deshalb überall sehr heiß, sodass man sich die Finger verbrennt.
b Da Kunststoffe die Wärme schlecht leiten, würde sich der Plastiklöffel nicht durchgängig und vor allem nicht so stark erwärmen, sodass man ihn anfassen kann, ohne sich zu verbrennen.

4 Der Wert für die elektrische Leitfähigkeit von Kupfer liegt fast sechsmal höher als der für Eisen. Daher ist Kupfer wesentlich besser zur Leitung des elektrischen Stroms geeignet.

5 Gibt man in ein Glas mit Wasser löffelweise Zucker und rührt um, so ist die Lösung dann gesättigt, wenn sich kein weiterer Zucker mehr löst und sich ein entstehender Bodensatz auch durch weiteres Umrühren nicht mehr auflöst.

6 Hat ein Stoff eine geringere Dichte als Wasser, so schwimmt er an der Oberfläche.

7 Da Stearin aus zwei Stoffen – Stearin- und Palmitinsäure – besteht, wirken sich die Schmelztemperaturen beider Substanzen aus und es lässt sich nicht ein einziger Wert ermitteln. Je nach Mischung der beiden Komponenten wird sich eine andere Schmelztemperatur ergeben.

Exkurs – Geschmackssache

S. 48

1 a gelb, orange, stückig, trüb …
b sauer, süß, fruchtig …
c sauer, süß, fruchtig, bitter …
d Zur Gesamtbeurteilung könnten die verschiedenen Bereiche prozentual gewichtet werden: Der Geschmack wird mit 35 % bewertet, dem Aussehen kommen 15 % zu, Aromaqualität / Geruch 10 %, Zweckmäßigkeit der Verpackung 25 % und Deklaration / Verpackungsbeschreibung 15 %. Mögliche Ergänzungen wären Schadstofffreiheit und Zusammensetzung / Gesundheit.

Exkurs – Die Dosis macht's

S. 49

1 Die Bezeichnung „nickelfrei" ist als Information für Menschen gedacht, die eine Nickelallergie haben und solchen Schmuck daher nicht tragen können.

2 *Auswirkungen von Iodmangel:* Vergrößerung der Schilddrüse (Kropfbildung), Antriebsschwäche, Müdigkeit, verlangsamter Stoffwechsel, häufiges Frieren, Entwicklungs- und Wachstumsstörungen
Vorbeugung: Verwendung von iodiertem Speisesalz, Essen von iodhaltigen Nahrungsmitteln wie Seefisch, Rotkraut.

3 Nicht die Menge eines Stoffs ist entscheidend für seine Wirksamkeit. Nimmt man von bestimmten Stoffen nämlich zu viel zu sich, kann das sogar schädlich bzw. giftig für den Körper sein. Deshalb ist die Dosis für die Wirksamkeit entscheidend.

Steckbriefe

S. 50

1
Name des Stoffs: Wasser
Aussehen: farblos; lichtdurchlässig
Geruch: geruchlos
Magnetisierbarkeit: nein
Wärmeleitfähigkeit: gering
Elektrische Leitfähigkeit: gering
Löslichkeit in Wasser: sehr gut
Dichte: größte Dichte bei 3,98 °C 1,00 g/cm^3;
bei 20 °C: 0,998203 g/cm^3
Schmelztemperatur: 0 °C
Siedetemperatur: 100 °C

2 a Es handelt sich um Kupfer.
b
Name des Stoffs: Kupfer
Aussehen: orangerot; metallisch; glatte, glänzende Oberfläche; lichtundurchlässig
Geruch: geruchlos
Magnetisierbarkeit: nein
Wärmeleitfähigkeit: gut
Elektrische Leitfähigkeit: sehr gut
Löslichkeit in Wasser: nein
Dichte: 8,96 g/cm^3
Schmelztemperatur: 1083 °C
Siedetemperatur: 2600 °C

Stoffgruppen

S. 51

1 Häufigste Antwort: Silber, da es seinen Glanz nicht verliert und für die Menschen eine hohe Wertigkeit besitzt (Edelmetall). Theoretisch wäre auch eine begründete Antwort für Aluminium möglich, z. B. über die Kosten.

2 *Gemeinsamkeiten:* Metalle, leicht formbar, leiten elektrischen Strom
Unterschiede: Aluminium: sehr leicht verformbar, geringe Dichte, unedel, Leichtmetall, verliert schon nach kurzer Zeit seinen metallischen Glanz
Silber: lässt sich formen, Edelmetall, behält seinen metallischen Glanz

Die kleinsten Teilchen der Stoffe

S. 53

1 Beim Lösen von Zucker in Wasser kann man sehen, wie die Kristalle zunächst auf den Boden der Flüssigkeit sinken, dann immer kleiner werden und bei weiterem Umrühren nicht mehr zu erkennen sind.
Auf Teilchenebene kann man sich diesen Vorgang so vorstellen, dass sich um die kleinsten Zuckerteilchen Wasserteilchen lagern und diese aus dem Verbund des Feststoffs herauslösen. Die Zuckerteilchen liegen hydratisiert vor.

2 Das Lösen von Zucker in kaltem Kaffee erfolgt langsamer als in heißem Kaffee. Das lässt sich damit erklären, dass die Eigenbewegung der Teilchen bei höheren Temperaturen größer ist, sodass der Lösevorgang dadurch schneller abläuft.

3 Die blaue Tinte verteilt sich mit der Zeit immer weiter im Wasser. Dabei verteilen sich die Farbstoffteilchen der Tinte zwischen den Wasserteilchen. Diese eigenständige Durchmischung aufgrund der ständigen Bewegung der Teilchen (brownsche Bewegung) wird als Diffusion bezeichnet.

Exkurs – Entwickeln eines Teilchenmodells

S. 54

1 Individuelle Beantwortung durch die Schülerinnen und Schüler.

2 Telefonhörer, Computermonitor, Radio, Fernseher

Aggregatzustände im Kugelteilchenmodell

S. 55

1 Das Wasser im Topf siedet, sodass einige Wasserteilchen an der Wasseroberfläche in den gasförmigen Zustand übergegangen sind. Sie bewegen sich sehr schnell, werden aber durch den Deckel im Topf zurückgehalten. Wenn der Topfdeckel gehoben wird, verteilen sich die gasförmigen Wasserteilchen im Raum. Je länger der Deckel auf dem Topf ist, desto mehr Wasserteilchen befinden sich im gasförmigen Zustand und desto mehr Dampf entweicht.

2 Der in der Luft enthaltene Wasserdampf kondensiert und erstarrt an den gefrorenen Grashalmen.

3 In Flüssigkeiten befinden sich die einzelnen Teilchen in einem aufgelockerten, nicht zu starren Zusammenhalt. Somit können sie sich der Form des jeweiligen Gefäßes anpassen.

Stoffgemische und ihre Trennung

Reinstoffe und Stoffgemische

S. 62

1 a,b

Reinstoffe	Stoffgemische	
	homogen	heterogen
Aluminium	Weinbrand: Wasser, Alkohol	Kaffee: Geschmacksstoff, Farbstoff
Schwefel	Mineralwasser: Wasser, Kalk	Tinte: Wasser, Farbpigmente
Wasser	„Schmuckgold": Gold, Kupfer, Platin	Hautcreme: Wasser, Fett

2 Wird die Erde in das Wasser gegeben, trübt es sich (Suspension). Das Kochsalz löst sich in dem Wasser auf und ist nicht mehr zu sehen (Lösung).

3 a Bei Feststoffen nimmt die Löslichkeit mit steigender Temperatur zu.
b Bei Gasen nimmt die Löslichkeit mit steigender Temperatur ab.

4 Da der Ring 75 % Gold enthält, besteht er aus 3 g reinem Gold.

5 In 1 000 ml Wasser lassen sich 358,5 g Kochsalz lösen.

Trennen von Stoffgemischen

S. 67

1 Gemeinsamkeiten: Trennung von wasserlöslichen und wasserunlöslichen Feststoffen; Unterschiede: Filterpapier ist feinporiger als das Sieb, wodurch kleinere Teilchen zurückgehalten werden.

2 *Eindampfen:* Kochsalz aus Kochsalzlösung
Sedimentieren / Dekantieren: Wein von Weinstein trennen

3 Waschmaschine bzw. Wäschetrockner, Salatschleuder, Entsafter

4 Um den Honig aus den Waben zu bekommen, nutzt der Imker die Zentrifugalkraft. In die sogenannte Honigschleuder (eine zylindrische Trommel) werden die Waben eingesetzt und anschließend die Schleuder schnell gedreht. Durch die wirkende Zentrifugalkraft läuft der Honig aus der Wabe.

5 Beim Kaffeekochen werden zunächst die wasserlöslichen Substanzen aus dem Kaffeepulver extrahiert. Dazu wird heißes Wasser zu dem Pulver gegeben. Anschließend wird durch Filtration das Pulver vom Wasser getrennt und als Filtrat erhält man seinen Kaffee.

Exkurs – Vom Meerwasser zum Trinkwasser

S. 69

1 *Verdunstung:* Erwärmen des Meerwassers durch die Sonne, Verdunstung, Kondensation und Sammeln des Wassers, Salz bleibt zurück
Destillation: Erhitzen des Meerwassers (hoher Energieaufwand), Verdunstung, Kondensation und Sammeln des Wassers, Salz bleibt zurück
Filtrieren: Pressen des Meerwassers durch eine Membran, deren Poren nur die Wasserteilchen durchlassen
Vergleich: Bei der Verdunstung wird lediglich die Energie der Sonne benötigt, sie kann aber nur in kleinen Anlagen genutzt werden. Bei der Destillation muss sehr viel Energie aufgewendet werden. Das Filtrieren benötigt nur ein Drittel der Energie, die die Destillation benötigt.

2 Der Wasserrucksack Paul (Portable Aqua Unit for Lifesaving) wurde unter anderem bereits bei der Flutkatastrophe in Pakisten, den Überschwemmungen in Haiti und dem Erdbeben in Chile eingesetzt.

Exkurs – Kunst oder Fälschung?

S. 72

1 Aufgrund der unterschiedlichen Löslichkeit der Farbstoffteilchen im Laufmittel und ihrer unterschiedlichen Haftfähigkeit (Affinität) auf dem Papier steigen die einzelnen Stoffe unterschiedlich schnell in dem Filterpapier auf. Dadurch ist eine Trennung möglich.

2
Name: Friedlieb Ferdinand Runge
Geboren / Gestorben: 1794/1867
Beruf: Professor der Chemie in Breslau
Erfindung: Papierchromatografie („Bilder, die sich selber malen"), weshalb Bilder der Papierchromatografie auch als Runge-Bilder bekannt sind.

Müll – Abfall und Rohstoff

S. 75

1a Individuelle Beantwortung durch die Schülerinnen und Schüler.
Beispielhafte Aufteilung:
Hausmüll: schwarze Tonne (alle 7 oder 14 Tage abgeholt)
Biomüll: Komposthaufen im Garten, Abholung durch Kommune
Verpackungsmaterial: gelber Sack
Papier: Sammlung durch Vereine, blaue Tonne
Glas: Sammlung in Glascontainern
Schrott: Sammlung durch Schrotthändler
Sperrmüll: Abholung auf Antrag, Abgabe auf Deponien
b Individuelle Beantwortung durch die Schülerinnen und Schüler.

2 Die Weißblechdosen können durch einen Magneten entfernt werden.

3 Jeder Einwohner Deutschlands produziert im Schnitt pro Jahr ca. 450 kg Müll, das sind ca. 1,2 kg täglich.

4 Der Anteil von Bioabfällen liegt bei etwa 24 %.

5 Damit Umwelt und Rohstoffe geschont werden, muss Müll getrennt gesammelt werden. Die getrennten Wertstoffe können recycelt werden. Aus Altpapier kann z. B. Zeitungspapier oder Verpackungsmaterial hergestellt werden, aus Biomüll wird Kompost, der als Pflanzennährstoff verwendet werden kann, und Glas kann zu neuen Glasverpackungen eingeschmolzen werden.

Exkurs – Trennverfahren in Technik und Medizin

S. 77

1 Das Verfahren, bei dem man aus Altpapier neues weißes Papier herstellt, nennt man Flotation. Dabei wird in einen Brei aus Altpapier und Wasser Luft eingeleitet. Die Papierfasern sind mit Wasser vollgesogen, die Druckfarbenpartikel nicht. Die eingeleiteten Luftbläschen lagern sich an den Farbpartikeln an und steigen anschließend mit ihnen auf. An der Oberfläche bildet sich ein Schaum, der die ganzen Farbpartikel enthält. Dieser kann einfach abgeschöpft werden.

2a Bei einer Dialyse wird das Blut von schädlichen Stoffen befreit, es wird gereinigt.
b Das Blut wird meist am Unterarm aus einer Arterie entnommen und durch eine Membran gepumpt. Die Poren der Membran sind so klein, dass die Verunreinigungen zurückgehalten werden und nur das gereinigte Blut durch die Membran hindurchgeht. Über eine Vene wird das Blut in den Körper zurückgeführt.

Chemische Reaktionen

Stoffumwandlungen durch chemische Reaktionen

S. 83

1 *Chemische Reaktion:* a, c, d, e
Keine Reaktion: b

2a Eisen + Schwefel → Eisensulfid
b Kupfer + Schwefel → Kupfersulfid

3 Zink und Zinksulfid sind bereits durch ihre Farbe unterscheidbar. Während Zink hellgrau glänzend ist, hat Zinksulfid eine graugelbe Farbe. Darüber hinaus hat Zink eine fast doppelt so große Dichte und ist im Gegensatz zu Zinksulfid elektrisch leitend. Außerdem hat Zink eine Schmelztemperatur von ca. 419 °C und die von Zinksulfid liegt bei über 1 000 °C (ca. 1 019 °C), sodass auch darüber eine Unterscheidung erfolgen kann.

Energie und chemische Reaktionen

S. 85

1 Chemische Reaktionen, bei denen Energie abgegeben wird, werden als exotherm bezeichnet. Muss jedoch beständig Energie zugeführt werden, handelt es sich um eine endotherme Reaktion. Beispiele für exotherme Reaktionen im Alltag sind ein Kaminfeuer oder die Zündung eines Benzin-Luft-Gemisches im Automotor. Endotherme Reaktionen treten z. B. beim Kochen, Grillen und Backen auf.

2 Bildung von Zinksulfid, Zerlegung von Silbersulfid, Knallgasprobe

3 Die Reibungsenergie liefert bei einem Streichholz die nötige Aktivierungsenergie, sodass sich der Streichholzkopf entzündet.

4 Bei Stoffumwandlungen wird entweder Energie frei oder sie muss zugeführt werden. Da Energie aber nicht verloren geht, wird sie bei Reaktionen von einer Energieform in eine andere umgewandelt.

Exkurs – Katalysatoren in Natur und Technik

S. 86

1 Für chemische Reaktionen steht als Aktivierungsenergie die Körpertemperatur von etwa 37 °C zu Verfügung. Bei dieser Temperatur können Eiweiße, Fette und Kohlenhydrate allerdings nicht ohne Biokatalysator verbrannt bzw. umgesetzt werden. Damit kommt den Biokatalysatoren eine wichtige Funktion zu, weil wir ohne sie entweder eine deutlich höhere Körpertemperatur zur Energiegewinnung benötigen würden oder wir müssten andere Energiequellen (andere Nahrung) nutzen.

2 Ein Katalysator ist ein Stoff, der die Aktivierungsenergie einer chemischen Reaktion herabsetzt, aber selbst bei der Reaktion nicht verbraucht wird, d. h., der nach der Reaktion unverändert vorliegt.

3 Eine wesentliche Eigenschaft von Katalysatoren ist, dass sie nach der Reaktion unverändert vorliegen und nicht verbraucht werden. Deshalb müssen Autokatalysatoren nicht ständig ausgetauscht werden.

4 Diese Aussage stimmt so nicht. Der Autokatalysator setzt lediglich die Aktivierungsenergie für die Reaktion von schädlichen Abgasen in weniger schädliche herab. Wie ein Filter funktioniert er nicht. Außerdem katalysieren Katalysatoren nicht nur die Reaktionen von Abgasen, sondern es gibt sie auch in sehr vielen Bereichen in der chemischen Industrie. Katalysatoren finden also nicht nur im Auto Anwendung.

Exkurs – Licht als Produkt einer chemischen Reaktion

S. 87

1 Partnersuche für die Fortpflanzung, Kommunikation, Abschreckung, Ablenkung, Tarnung durch Anpassung an Umgebungslicht

2 Die Reaktion in den Knicklichtern wird als Chemolumineszenz bezeichnet. Knicklichter können z. B. als Notbeleuchtung oder Markierung dienen. Auf Partys und in Discos werden sie auch gerne als Accessoire verwendet.

3 Knicklichter enthalten Wasserstoffperoxid und zumeist entsteht bei der Reaktion im Inneren das stark toxische Phenol. Deshalb sollte Hautkontakt sowie versehentliches Verschlucken der Flüssigkeit unbedingt vermieden werden.

Atommodell von Dalton

S. 90

1 Dalton ging bei seiner Atomtheorie davon aus, dass alle Stoffe aus Atomen bestehen. Atome sind die kleinsten, nicht weiter teilbaren, kugelförmigen Bausteine der Materie. Alle Atome eines Elements haben die gleiche Größe und Masse. Atome verschiedener Elemente unterscheiden sich in ihrer Größe und Masse.

2 a *Element:* Natrium, Sauerstoff, Magnesium, Kohlenstoff
Verbindung: Zinksulfid, Eisenoxid, Silbersulfid, Wasser
b Ein chemisches Element besteht aus nur einer Atomsorte, wohingegen eine chemische Verbindung aus mindestens zwei verschiedenen Elementen besteht.

3 Bei der Änderung des Aggregatzustands nimmt die Eigenbewegung der Teilchen mit steigender Temperatur vom festen über den flüssigen zum gasförmigen Zustand zu. Bei Stoffen wie Schwefel ändert sich daher beim Erhitzen die Anordnung der Atome. Der Stoff besteht aber – egal, in welchem Aggregatzustand – nur aus Schwefelatomen. Schwefelatome sind also nur von Schwefelatomen umgeben.
Bei einer chemischen Reaktion findet auch eine Umordnung der Atome statt. Reagiert Schwefel z. B. mit Zink, ordnen sich die Atome jedoch so um, dass Schwefelatome im Produkt von Schwefelatomen und Nickelatomen umgeben sind. Sowohl bei der Änderung des Aggregatzustands als auch bei einer chemischen Reaktion werden die Atome selbst nicht verändert.

Chemische Zeichensprache

S. 91

1 Der Vorteil einer einheitlichen Zeichensprache ist, dass sich Wissenschaftler, auch wenn sie unterschiedliche Sprachen sprechen, darüber verständigen und verstehen können, was im Zuge der Globalisierung immer wichtiger wird. Auch die Etikettierung von Chemikalien im Labor ist dadurch allgemein verständlich.

2 C = Carboneum = Kohlenstoff
Mg = Magnesium
Zn = Zincum = Zink
S = Sulfur = Schwefel

3 Na = Natrium
Ca = Calcium
Si = Silicium
P = Phosphor
I = Iod
Xe = Xenon
Hg = Quecksilber
U = Uran

Verbrennung und Luft

Feuer und Flamme

S. 97

1 Ein Feuer entsteht, wenn ein Brennstoff und Luft vorhanden sind und außerdem die Entzündungstemperatur erreicht ist.

2 a Als leicht brennbare Materialien, die für die Entzündung des Lagerfeuers notwendig sind (sogenannter Zunder), eignen sich kleine Äste, trockenes Laub, Papier, trockenes Moos oder trockenes Gras. Mit dem Zunder wird das eigentliche Brennmaterial – das Feuerholz – entzündet.
b Zunächst wird der Zunder in der Mitte der Feuerstelle geschichtet und anschließend eine Pyramide aus Feuerholz herum errichtet, wobei mit dünnen, trockenen Ästen begonnen werden sollte und die dicken oder noch leicht feuchten Hölzer das Außengerüst bilden.

3 Mit der Streichholzflamme ist es nicht möglich, die Entzündungstemperatur der Holzkohle zu erreichen.

4 Die Flammtemperatur des Kerzenwachses ist deutlich höher als die des Feuerzeuggases. Das Feuerzeuggas hat seine Flammtemperatur bei Raumtemperatur erreicht, d. h., es bildet sich bereits ein brennbares Gemisch aus Gas und Luft. Beim Kerzenwachs muss erst noch Energie zugeführt werden, damit das Wachs in den gasförmigen Zustand übergeht und sich anschließend entzünden lässt.

5 Durch das Reiben tritt Reibungswärme auf. Wenn diese Reibungswärme die Entzündungstemperatur des Brennstoffes am Streichholzkopf erreicht, entzündet sich das Streichholz. Das Reiben muss ruckartig geschehen, damit genügend Wärme entsteht.

Exkurs – Die Geschichte des Feuers

S. 99

1 Es gibt zwei steinzeitliche Feuerzeugtechniken: Durch Reibung beim Feuerbohren oder durch Schlagen mit einem Feuerstein konnte früher Feuer erzeugt werden. Beim Feuerbohren wird ein weiches Stück Holz schnell über ein hartes Holzstück bewegt. Wenn genug (Reibungs-)Hitze entstanden und die Entzündungstemperatur eines brennbaren Stoffes erreicht ist, entsteht ein Feuer. Beim Feuerschlagen wird Pyrit fest auf ein anderes Stück Pyrit oder einen Feuerstein geschlagen und die dabei entstehenden Funken fallen auf leicht entzündliche Stoffe. Nach mehrmaligem Schlagen sind so viele Funken auf den Stoff gefallen, dass er sich entzündet.

2 Die Entdeckung des Feuers war für die Steinzeitmenschen sehr hilfreich, weil sich so andere Speisen zubereiten ließen und sie sich am Feuer wärmen konnten. Außerdem diente es zur Lichterzeugung und der Vertreibung von wilden Tieren.

Bekämpfung von unerwünschten Verbrennungen

S. 102

1 a Gibt man Wasser auf brennendes Wachs, verdampft das Wasser schlagartig zu sehr viel Wasserdampf. Der Wasserdampf enthält viele winzige Wassertröpfchen, die mit Wachs überzogen sind. Wachs ist nämlich wie Fett nicht mit Wasser mischbar und verteilt sich großflächig auf der Wasseroberfläche. Aufgrund der großen Oberfläche kommt das Wachs gut mit der Luft in Kontakt, wodurch die Verbrennung gefördert wird.
b Bei einem Wachsbrand sollte man die Luftzufuhr zum Wachs mit Löschsand, einer Löschdecke oder einem Feuerlöscher der Brandklasse F unterbinden.

2 Offenes Feuer wie Kerzen sollte man nicht unbeaufsichtigt lassen, mit Feuer darf grundsätzlich nicht gespielt werden, das Ausmachen des Herds darf nicht vergessen werden und elektrische Anlagen sollten regelmäßig auf ihre Sicherheit und Funktionstüchtigkeit überprüft werden.

3 Nachdem die Notrufnummer 112 gewählt wurde, müssen folgende „W-Fragen" beantwortet werden: Wo ist es passiert? Was ist passiert? Wie viele Verletzte? Welche Verletzungen? Wer meldet den Brand? Dabei ist es sehr wichtig, möglichst ruhig zu bleiben und der Notrufzentrale genau zuzuhören, damit Rückfragen zügig geklärt werden können.

4 Die Brandklasse A beschreibt Brände von Feststoffen, bei einem Autobrand z. B. von Reifen, Kabeln, Schläuchen oder Autositzen. Bei der Brandklasse B handelt es sich um brennende Flüssigkeiten, z. B. um Benzin, Öl oder Bremsflüssigkeit. Eine Unterscheidung ist sehr wichtig, weil je nach Art des Brandes ein anderes Löschmittel verwendet werden muss. Öl darf z. B. nicht mit Wasser gelöscht werden.

5 Zunächst muss der Feuerlöscher aus der Halterung genommen werden. Den Feuerlöscher erst am Brandort entsichern und den Schlauch fest in die Hand nehmen. Das Löschen sollte in leicht gebückter Haltung erfolgen, da in Bodennähe weniger von dem giftigen Rauch in der Luft enthalten ist. Den Feuerlöscher immer in kurzen Stößen betätigen und unbedingt darauf achten, dass der Löschversuch immer mit der Windrichtung geschieht.

6a Man sollte sich ruhig verhalten und keine Panik auslösen. Es sollte die Lehrerin oder der Lehrer informiert und der Feuermelder betätigt werden. Anweisungen der Lehrerin oder des Lehrers folgen und gefährdete Personen warnen, hilflosen Mitmenschen helfen, das Gebäude gemeinsam als Gruppe über die gekennzeichneten Fluchtwege verlassen und die Sammelstelle aufsuchen. Sollte es sich um einen kleinen Brand handeln, kann ein Löschversuch mit einem geeigneten Löschmittel unternommen werden.
b Es sollte immer der kürzeste (Flucht-)Weg ins Freie gewählt werden. Außerdem sollte der gewählte Weg nicht direkt am Feuer vorbeiführen.

Die Luft

S. 105

1 Sauerstoff ist der Luftbestandteil, der die Verbrennung unterstützt.

2
Luftbestandteile:

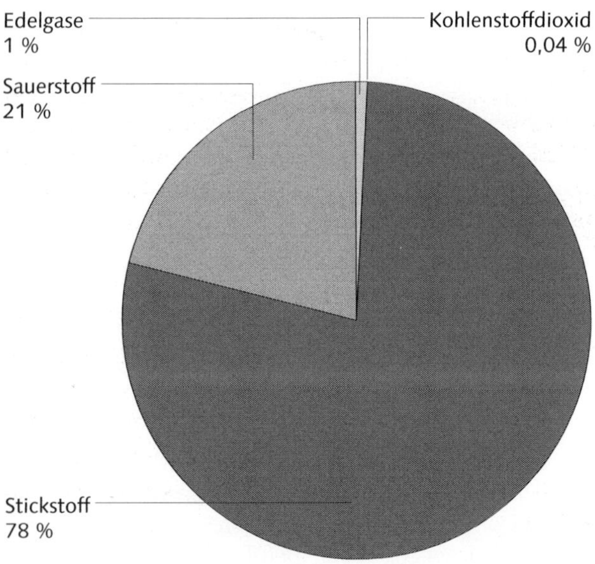

3 Der Ballon mit Sauerstoff fällt schneller zu Boden, da Sauerstoff mit 1,33 g/l eine größere Dichte als Stickstoff mit 1,17 g/l hat. Da Luft eine Dichte von etwa 1,29 g/l hat und sie damit schwerer als Stickstoff ist, wird der mit Stickstoff gefüllte Ballon gar nicht zu Boden fallen, sondern aufsteigen.

4 Obst oder Gemüse verderben nicht so schnell, wenn sie unter einer Stickstoffatmosphäre aufbewahrt werden. Der Stickstoff dient als Schutzgas.

5 Kohlenstoffdioxid erstickt die Flammen und wird deshalb auch in CO_2-Feuerlöschern eingesetzt.

Metalle reagieren mit Sauerstoff

S. 109

1 Eine chemische Reaktion, bei der ein Stoff mit Sauerstoff reagiert, nennt man Oxidation. Bei einer Verbrennung findet eine Oxidation des brennbaren Materials statt.

2a Aufgrund des feinen Zerteilungsgrads von Aluminiumpulver hat es eine deutlich größere Kontaktfläche zur Luft und damit zum Sauerstoff. Sauerstoff ist eine der drei Bedingungen für ein Feuer und deshalb brennt Aluminiumpulver im Gegensatz zu einem Aluminiumtopf.

b Das Pulver ist nach der Verbrennung schwerer (hat eine größere Masse), weil sich das Aluminium mit dem Sauerstoff aus der Luft verbunden hat und Aluminiumoxid als Produkt entstanden ist.
c Aluminium + Sauerstoff $\rightarrow$ Aluminiumoxid

3 Wie gut brennbar ein Metall ist, hängt von seinem Bindungsbestreben zu Sauerstoff ab. Je edler ein Metall ist, d. h., je geringer das Bindungsbestreben zu Sauerstoff ist, desto schwerer brennbar ist das Metall. Deshalb brennt Zinkpulver viel besser als Bleipulver. Silber ist von diesen drei Metallen am schlechtesten brennbar.

4a Um zu rosten, muss ein Gegenstand aus Eisen und von Luft (und Feuchtigkeit) umgeben sein. Das Eisen reagiert mit dem Sauerstoff und dem Wasser aus der Umgebungsluft zu Eisenoxid. Bei hoher Luftfeuchtigkeit oder viel Berührung mit Wasser rostet Eisen daher schneller.
b Es können Rostschutzmaßnahmen ergriffen werden: Eisenteile können mit einer Schicht aus Öl, Kunststoff oder einem anderen Metall vor dem Rosten geschützt werden. Es gibt auch wetterfeste Farbanstriche, die vor Rost schützen.

Nichtmetalle reagieren mit Sauerstoff

S. 111

1 *Metalloxid:* Aluminiumoxid, Zinkoxid
Nichtmetalloxid: Kohlenstoffdioxid, Schwefeldioxid

2a Bei der Verbrennung entstehen neben der zurückgebliebenen Asche Gase wie Wasserdampf und Kohlenstoffdioxid. Diese Gase entweichen und werden nach Ablauf der Reaktion nicht mehr mitgewogen.
b Würde man die Verbrennung in einem geschlossenen System, bei dem kein Stoff dazukommen und keiner entweichen kann, durchführen, würde sich die Masse nicht ändern. Bei der Verbrennung entstehen Gase wie Kohlenstoffdioxid und Wasserdampf. Die Gase entweichen und genau die Masse der entwichenen Atome fehlt bei dem Gewicht der Produkte, wenn man in einem offenen System arbeitet. Das Gesetz der Erhaltung der Masse gilt somit.

3 Der Sauerstoffgehalt nimmt ab und der Kohlenstoffdioxidgehalt zu, weil die Menschen ein- und ausatmen. Außerdem steigt die Luftfeuchtigkeit, da die Leute transpirieren und auch die Atemluft Wasserdampf enthält.

Atomverbände und Moleküle

S. 113

1 a Aluminiumoxid
b Al_2O_3

2 Zwei oder mehr Atome, die über eine chemische Bindung miteinander verknüpft sind, bilden ein Molekül.

3 Das Wasserstoff-Molekül (H_2) besteht aus zwei Wasserstoffatomen. Wasser (H_2O) besteht aus zwei Wasserstoffatomen und einem Sauerstoffatom. Methan (CH_4) besteht aus vier Wasserstoffatomen und einem Kohlenstoffatom.

4 a Argon, Neon
b Sauerstoff, Stickstoff

5 *NO:* Stickstoffmonooxid; *NO_2:* Stickstoffdioxid; *SO_3:* Schwefeltrioxid; *P_2O_5:* Diphosphorpentoxid

Luftverschmutzung

S. 116

1 Kohlenstoffdioxid, Kohlenstoffmonooxid, Schwefeldioxid, Schwefeltrioxid, Stickoxide

2 Man sollte versuchen, so wenig Energie wie möglich zu verbrauchen und dadurch letztendlich Brennstoffe und Ressourcen einzusparen: Das Licht in ungenutzten Räumen ausmachen, den Wasserhahn nicht unnötig lange beim Zähneputzen laufen lassen, Heizung im Frühjahr rechtzeitig herunterregeln, Fahrgemeinschaften bilden bzw. öffentlichen Nahverkehr nutzen und kurze Strecken zu Fuß oder mit dem Fahrrad zurücklegen.

3 Verkehr, Industrie

4 Seit dem 1. Januar 2005 gelten in Europa einheitliche Grenzwerte für Feinstaub (F10). Der Tagesgrenzwert von $50\,\mu g/m^3$ darf nicht öfter als 35-mal pro Jahr überschritten werden. Der maximal zulässige Jahresmittelwert liegt bei $40\,\mu g/m^3$. Bei Überschreitung dieser Richtlinien müssen die zuständigen Behörden der jeweiligen Länder Pläne zur Verringerung der Feinstaubbelastung erarbeiten und vorlegen. In Deutschland ist die Einrichtung von Umweltzonen in großen Städten populär, so z. B. in Berlin, Köln und Kassel.

Leben im Treibhaus

S. 117

1 Kohlenstoffdioxid, Methan, Ozon, Lachgas

2 Durch die gasförmige Lufthülle gelangen Sonnenstrahlen auf die Erde und erwärmen die Erdoberfläche. Die Erdoberfläche gibt Wärmestrahlung ab, allerdings gelangt nicht die gesamte Strahlung ins Weltall, weil ein Teil von der Lufthülle (genauer: von den Treibhausgasen) reflektiert wird und wieder zurück auf die Erde gelangt. Diesen Vorgang bezeichnet man als Treibhauseffekt.

3 Der künstliche (anthropogene) Treibhauseffekt bringt das Wärmegleichgewicht der Erde durcheinander und führt so zu einer Erwärmung der Erdatmosphäre. Die Folge sind Klimaveränderung mit extremen Wetterereignissen, z. B. Überschwemmungen, Stürmen, Dürreperioden.

Exkurs – Ökologischer Fußabdruck

S. 119

1 Die im Winter gekauften Erdbeeren müssen entweder aus weit entfernten Anbaugebieten eingeflogen werden oder sie werden in beheizten Gewächshäusern angebaut. Transport mit Flugzeug und Lkw oder Beheizung der Gewächshäuser verursachen einen hohen Treibstoff- bzw. Energieverbrauch. Dadurch werden vermehrt klimaschädliche Gase wie Kohlenstoffdioxid ausgestoßen und der persönliche ökologische Fußabdruck wächst. Um seinen ökologischen Fußabdruck so klein wie möglich zu halten, sollte man deshalb immer regionales und saisonales Obst und Gemüse kaufen.

2 a Auf der Fahrt werden $70{,}06\,m^3$ Kohlenstoffdioxid ausgestoßen.
b Die Masse des während der Fahrt ausgestoßenen Kohlenstoffdioxids beträgt 126 kg.

3 Pro Fluggast gelangen auf dem Urlaubsflug 187,5 kg Kohlenstoffdioxid in die Umwelt.

Wasser

Wasser – lebensnotwendig für Mensch, Tier und Pflanze

S. 125

1 Länder, in denen sehr große Wassernot herrscht, sind z. B. Papua-Neuguinea, Afghanistan, Madagaskar, Mosambik, die Demokratische Republik Kongo oder auch der Niger. Von dem gesamten Wasser auf der Erde sind nur etwa 2,6 % für uns Menschen trinkbares Süßwasser. Weniger als 1 % ist erreichbar, weil sich der Großteil des Süßwassers als Eis an Nord- und Südpol befindet. Auf der Erde ist das Trinkwasser nicht gleichmäßig verteilt, was ein Grund für akuten Wassermangel in einigen Ländern ist. Zudem verfügen diese Länder (in der Regel sind es Schwellen- und Entwicklungsländer) meist nicht über die Infrastruktur, um Schmutz- und Abwasser in Kläranlagen wieder ausreichend aufbereiten zu können.

2 a Individuelle Beantwortung durch die Schülerinnen und Schüler.
b Waschen, Baden, Duschen, Toilettenspülung, Zähneputzen, Kochen, Trinken, Spülen/Spülmaschine, Gießwasser ....
c Individuelle Beantwortung durch die Schülerinnen und Schüler gemäß Aufgabenteil 2 a.

Wasser – vielseitig genutzt

S. 126

1

Nutzung von Wasser in ...			
Technik	**Industrie**	**Haushalt**	**Freizeit**
Wasserkraftanlagen Kühlung, z. B. Motorkühlung	Kühlung in Kraftwerken Transportweg Bewässerung Spülen	Bad, Dusche, WC Kochen, Spülen Wäschewaschen Putzen	Schwimmbad, Meer, Seen, Flüsse: Wassersportarten Aquarium Bewässerung (Garten, Parks)

Nutzung von Wasser in ...			
Technik	**Industrie**	**Haushalt**	**Freizeit**
			Freizeiteinrichtungen: Nutzung von Wasser wie im Haushalt

2 Allein im Jahr 2011 gab es mehrere Tankerunglücke, so z. B. am 13.01.2011 auf dem Rhein. Ein mit Schwefelsäure beladener Tanker verunglückte, was ein massenhaftes Fischsterben und ein Erliegen des Schiffsverkehrs zur Folge hatte. Einen halben Monat später gab es vor der Küste Sardiniens am 30.01.2011 das nächste Öltankerunglück. Es kam zur Verseuchung der Strände und zu großen Schäden an den Ökosystemen. Am 7.10.2011 verunglückte ein Tanker vor Neuseeland, was eine große Bedrohung der Lebenswelt von Robben, Walen und Delfinen darstellte.

Exkurs – Der Wasserkreislauf

S. 127

1 Durch die Sonnenwärme verdunstet Wasser aus dem Meer, den Flüssen und Seen sowie aus dem Boden und von den Pflanzen. Der entstehende Wasserdampf steigt in die Atmosphäre auf und es kommt zur Wolkenbildung, wenn der Wasserdampf immer weiter abkühlt (Kondensation). Das kondensierte Wasser fällt als Niederschlag in Form von Regen, Hagel oder Schnee auf die Erde herunter. Die Niederschläge werden von Seen, Flüssen und dem Boden aufgenommen und der Kreislauf beginnt von Neuem.

2 Häufig wird Regenwasser in einer Regentonne gesammelt, um es als Gießwasser zu verwenden. Beim Gießen gelangt das Wasser in die Pflanzen und den Boden. Durch die Wärme der Sonne verdunstet das Wasser aus Boden und Pflanzen, der entstehende Wasserdampf steigt in die Atmosphäre auf und kondensiert. Es kommt zur Wolkenbildung und die Wolken regnen ab. So sammelt sich erneut Regenwasser, das zum Gießen benutzt werden kann.

3 Unter Verbrauch versteht man, dass etwas genutzt wird und anschließend nicht mehr zur Verfügung steht (verbraucht wurde). Wenn wir Wasser trinken, verschwindet das Wasser aber nicht, sondern gelangt durch Schwitzen und Ausscheidungen in den Wasserkreislauf zurück.

Exkurs – Umgang mit Wasser

S. 128

1 Die Menge an Wasser, die in einem Produkt enthalten ist und die benötigt wird, um es herzustellen, nennt man „virtuellen Wasserverbrauch".

2 Der „virtuelle Wasserverbrauch" von Timons Leibspeisen ist hoch. Vor allem für die Herstellung von Kakaopulver wird mit 27 000 l/kg sehr viel Wasser benötigt. Er könnte stattdessen nur Milch oder Wasser trinken. Auch für den Reisanbau wird viel Wasser benötigt, etwa 14-mal so viel wie für Kartoffeln oder etwa 18-mal so viel wie für Tomaten. Timon sollte daher häufiger Kartoffeln oder Salat als Beilage wählen. Für die Aufzucht von Hühnchen wird im Gegensatz zum Rindfleisch weniger Wasser verbraucht: Der Wasserverbrauch ist beim Rindfleisch etwa 4-mal so hoch. Wenn es also Fleisch sein muss, ist von der Wahl der Fleischsorte nicht abzuraten.

3 Zunächst wird Wasser in klare, durchsichtige PET-Flaschen abgefüllt (1). Die Flaschen werden für (mindestens) sechs Stunden in die Sonne gelegt (2 + 3). Anschließend kann das Wasser getrunken werden (4).

Gewinnung von Trinkwasser

S. 129

1 Das Grundwasser (sogenanntes Rohwasser) wird mit einem Brunnen gefördert und gelangt zunächst in eine Belüftungsanlage, wo das sauerstoffarme Wasser Luftsauerstoff aufnehmen kann. Im Reaktionsbecken reagieren die im Rohwasser enthaltenen Mangan- und Eisenverbindungen mit dem angereicherten Sauerstoff und setzen sich am Boden ab. Anschließend wird das Wasser durch mehrere Filter gereinigt und gelangt letztendlich in den Reinwasserbehälter. Die Entkeimung findet durch Chlorzusatz, die Bestrahlung mit UV-Strahlen oder durch Ozonzugabe statt.

2 Die Trinkwasserverordnung verpflichtet die Wasserwerke, regelmäßig zu überprüfen, ob die Schadstoffgrenzwerte und die Anforderungen an die Trinkwasserqualität eingehalten werden.

3 Individuelle Beantwortung durch die Schülerinnen und Schüler.

4 In Trinkwasserschutzgebieten gibt es drei verschiedene Wasserschutzkategorien. In der Schutzzone I ist jegliches Betreten und Befahren verboten. In der zweiten Wasserschutzzone ist der Umgang mit wassergefährdenden Stoffen, Straßenbau, Landwirtschaft (insbesondere Düngung) und die Bebauung verboten. In der dritten und äußersten Wasserschutzzone ist das Abladen von Schutt und Abfall, die Anwendung von Gülle, Pflanzen- und Schädlingsbekämpfungsmitteln sowie die Massentierhaltung und der Bau von Sand- und Kiesgruben untersagt.

5 Jeder Stoff hat eine unterschiedliche Wirkung auf den menschlichen Organismus. Pflanzenschutzmittel und Schwermetalle wie Blei oder Cadmium sind bereits in geringen Mengen toxisch und dürfen deshalb nur in sehr geringer Konzentration enthalten sein. Andere Stoffe wie Natrium benötigt der Körper hingegen in bestimmter Menge, sodass die Aufnahme einer gewissen Dosis sogar notwendig ist. Allerdings sollte man sich immer vor Augen führen, dass jeder Stoff ab einer festgelegten Konzentration eine giftige Wirkung auf den Körper hat, wie bereits Paracelcus im 16. Jahrhundert formulierte. Deshalb haben die einzelnen Inhaltsstoffe unterschiedliche Grenzwerte.

Reinigung von Abwasser

S. 130

1 Gewässer befinden sich in einem dynamischen Gleichgewicht, das durch Schadstoffe im Abwasser gestört werden kann. Sind zu viele Schadstoffe eingetragen worden und ist das natürliche Gleichgewicht verschoben, leidet die Wasserqualität sehr stark. Es kann der Lebensraum von bedrohten Tieren und Pflanzen zerstört werden und das Gewässer kann aufgrund der hohen Schadstoffkonzentration nicht mehr zum Baden geeignet sein.

2 Die Kleinstlebewesen nutzen die organisch gelösten Stoffe als Nahrungsquelle und entfernen dadurch die biologisch abbaubaren Schadstoffe.

3 Der entstehende Schmutzschlamm wird durch Entwässerung eingedickt und anschließend dem Faulturm zugeführt. Das dabei entstehende Faulgas wird in einem Behälter gespeichert und für Heizzwecke verwendet.

4 Die chemische Reinigungsstufe dient zur Beseitigung der restlichen Verunreinigungen, die mit der mechanischen bzw. biologischen Abwasserreinigung nicht entfernt werden konnten. So werden durch Flockungsmittel bzw. Eisen- und Aluminiumsalze die feinen Schmutzpartikel bzw. Phosphate ausgefällt. Außerdem kann der gewünschte pH-Wert eingestellt und Krankheitserreger abgetötet werden.

5 Individuelle Beantwortung durch die Schülerinnen und Schüler.

Qualität unserer Gewässer

S. 133

1 klar, sehr sauerstoffreich, wenig Bakterien enthalten, nährstoffarm

2 Verschmutzung durch Müll und Abfall, Überdüngung, Industrieabwasser, nicht fachgerechte Entsorgung von Pharmazeutika und Öl, übermäßiger Gebrauch von Wasch- und Reinigungsmitteln

3 Individuelle Lösung durch die Schülerinnen und Schüler.

Wasser – ein verblüffender Stoff

S. 139

1 *Feste Stoffe:* Kochsalz, Zucker, Brausetabletten
Flüssige Stoffe: Alkohol, Essig, Salzsäure
Gasförmige Stoffe: Sauerstoff, Kohlenstoffdioxid, Wasserstoff

2 Auf dem Wasser bewirkt die Oberflächenspannung die Bildung einer Art Haut, die die Büroklammer trägt.

3 Wasser hat bei 4 °C seine größte Dichte (Dichteanomalie des Wassers), d. h., 4 °C kaltes Wasser wird sich am Grund eines Gewässers sammeln. Ein See friert also immer von oben nach unten zu und das flüssige Wasser auf dem Grund sorgt im Winter dafür, dass die Fische in dieser Jahreszeit nicht eingefroren werden und überleben können.

4 Es würde zu extremen Temperaturunterschieden auf der Erde kommen, was z. B. eine Häufung von Naturkatastrophen – wie Überschwemmungen und Wirbelstürme – zur Folge hätte. Außerdem würden die stark schwankenden Temperaturen eine völlig andere Umwelt zur Folge haben, wodurch neue Anpassungen von Pflanzen- und Tierwelt nötig wären. Die Welt würde wahrscheinlich ganz anders aussehen.

5 In 1000 ml (1 Liter) Nasenspüllösung sind 0,9 g Salz gelöst. In 250 ml sind daher
$\frac{250\ \text{ml} \cdot 0{,}9\ \text{g}}{1000\ \text{ml}} = 0{,}225\ \text{g}$ Salz enthalten.

Wasser herstellen und zerlegen

S. 143

1 Eine chemische Reaktion, bei der aus verschiedenen Stoffen eine neue Verbindung hergestellt wird, nennt man Synthese. Die Zerlegung einer chemischen Verbindung nennt man Analyse.

2 Wasser → Wasserstoff + Sauerstoff

3 Es handelt sich bei dem zurückbleibenden Gas um Sauerstoff. Bei der Synthese von Wasser (H_2O) wird die doppelte Menge an Wasserstoff benötigt, was die Summenformel von Wasser bereits angibt. Es werden also 2 Liter Wasserstoff und 1 Liter Sauerstoff bei der Synthese verbraucht und zurück bleibt 1 Liter Sauerstoff.

4 Wasserstoff kann als vielfältiger Energieträger genutzt werden. Die Knallgasreaktion, bei der Wasserstoff sehr heftig und stark exotherm mit Sauerstoff reagiert, kann zur Erzeugung von Energie – z. B. Strom in Brennstoffzellen, in Heizungen, in Verbrennungsmotoren von Autos und als Raketentreibstoff – verwendet werden. Außerdem kann Wasserstoff zum Schweißen oder als Ausgangsstoff für die Herstellung von chemischen Produkten, wie Methanol, verwendet werden.

Wasserstoff

S. 144

1

Wasserstoff	
Verwendung	**Genutzte Eigenschaft**
früher: Ballons, Luftschiffe	geringe Dichte
Herstellung von chem. Produkten wie Dünger (Ammoniak), Methan, Salzsäure	Ausgangsstoff
Schweißgas Energieträger in Heizungen, Brennstoffzellen, Verbrennungsmotoren Raketentreibstoff	Reaktion mit Sauerstoff (Knallgasreaktion)

2 Die Explosion des Luftschiffes Hindenburg in Lakehurst (USA) im Jahr 1937 kostete mehr als 30 Menschen das Leben. Daraufhin wurde Wasserstoff für den Einsatz in Ballons und Luftschiffen verboten, weil die Brandgefahr zu hoch ist.

3 Wasserstoff + Sauerstoff → Wasser

Metalle und Metallgewinnung

Die Geschichte der Metalle

S. 150

1

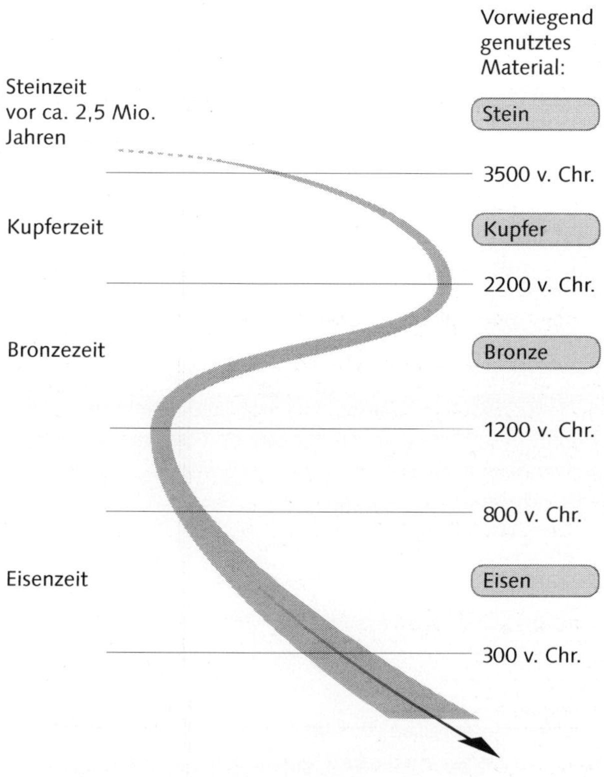

2 Bronze ist eine Legierung aus Kupfer und Zinn.

3 Ein Beil aus Kupfer ist wesentlich leichter, schärfer und bricht nicht so leicht wie ein Steinbeil.

4 Bronze ist härter als Kupfer und verformt sich nicht so leicht, weshalb es ein geeigneteres Material für Werkzeuge ist.

5 Eisenerze kommen häufiger als andere Erze vor, d. h., die Verfügbarkeit von Eisen ist besser. Außerdem wird es in der Hitze weich und kann durch Schmieden in die gewünschte Form gebracht werden.

6 Kupfer wird heutzutage zur Herstellung von Dachrinnen, Stromkabeln, Heizrohren, Gefäßen (Kannen, Pfannen), Münzen und Legierungen (Messing, Bronze) verwendet.

Exkurs – „Hightechmetalle" im Handy

S. 151

1 Silicium wird aus Quarzsand (Siliciumdioxid) gewonnen.

2 a Als seltene Erden werden sehr selten vorkommende Metalle wie Neodym, Europium, Cer oder Lanthan bezeichnet.
b Seltene Erden sind häufig in elektronischen Geräten wie Computern oder Handys enthalten.
c Schätzungen zufolge hat China mit 30–50 % die größten Rohstoffvorkommen an seltenen Erden weltweit.
d Der Abbau von seltenen Erden, die zum Teil giftig sind, erfolgt über Säuren, mit denen die Metalle aus Bohrlöchern gewaschen werden. Der dabei vergiftete Schlamm bleibt zurück und stellt nicht nur eine Gefahr für die Umwelt, sondern auch für die Arbeiter dar, weil die Sicherheitsvorkehrungen meist nicht beachtet werden. Die Arbeiter müssen mit schlechter Bezahlung, langen Arbeitszeiten und einem hohen Gesundheitsrisiko ihrer Arbeit nachgehen.

Redoxreaktionen

S. 153

1 Eine Oxidation ist eine chemische Reaktion, bei der sich ein Stoff mit Sauerstoff verbindet. Ein Oxidationsmittel ist ein Stoff, der einem anderen Stoff zur Oxidation verhilft, also an ihn Sauerstoff abgibt. Reduktion ist die Umkehrung der Oxidation, d. h., es ist eine chemische Reaktion, bei der einem Oxid Sauerstoff entzogen wird. Ein Reduktionsmittel ist ein Stoff, der einem Oxid den Sauerstoff entziehen kann.

2 Eine Redoxreaktion ist eine chemische Reaktion, bei der Reduktion (Sauerstoffentzug) und Oxidation (Sauerstoffaufnahme) gleichzeitig ablaufen.

3 a Die Reduktion muss mit einem unedleren Metall als Blei durchgeführt werden, z. B. mit Eisen, Zink oder Aluminium. Je unedler ein Metall ist, desto größer ist sein Bestreben, sich mit Sauerstoff zu verbinden.
b

Bleioxid + Eisen ⟶ Blei + Eisenoxid

Reduktion (PbO → Pb)

$$3\ PbO + 2\ Fe \longrightarrow 3\ Pb + Fe_2O_3$$

Oxidation (Fe → Fe_2O_3)

4 Kupferoxid kann leichter reduziert werden als Eisenoxid und Kupfer kommt in der Natur auch elementar, d. h. in ungebundener Form, vor. Deshalb wurde Kupfer wahrscheinlich vor Eisen entdeckt.

Exkurs – Das Thermitverfahren

S. 155

1 Ein Thermitgemisch ist ein Gemisch aus einem Metalloxid und Aluminium.

2 $Fe_2O_3 + 2\,Al \rightarrow 2\,Fe + Al_2O_3$
Reduktionsmittel: Aluminium (Al)
Oxidationsmittel: Eisenoxid (Fe_2O_3)

3 Nein, da bei dieser Reaktion das wertvollere Aluminium verbraucht wird. Die Herstellung von Aluminium erfolgt größtenteils aus Bauxit und bei diesem Verfahren wird sehr viel Energie benötigt, da Temperaturen von ca. 1200 °C erreicht werden müssen. Aus diesem Grund ist Aluminium – verglichen mit seiner Häufigkeit von ca. 8 %, was es zum dritthäufigsten Element und zum häufigsten Metall der Erdkruste macht – ein sehr teures Metall.

Eisengewinnung im Hochofen

S. 157

1 Der Koks sorgt als Brennstoff für die Energiezufuhr und reduziert das Eisenoxid (Koks als Reduktionsmittel).

2 a Die Zuschläge im Hochofen bestehen aus Kalkstein, Silikaten und anderen Mineralien.
b Die Zuschläge binden das Begleitgestein der Erze und können dadurch abgetrennt werden.

3 Bei einer Tagesproduktion von 12 000 t werden 19 200 t Erz, 3 000 t Zuschläge und 21 600 t Gebläseluft als Rohstoffe benötigt.

4 In den Winderhitzern werden die im Hochofen entstehenden Gichtgase gereinigt und verbrannt. Mit der dabei entstehenden Wärmeenergie wird die für den Hochofen benötigte Gebläseluft aufgeheizt.

Vom Roheisen zum Stahl

S. 159

1 a Roheisen hat mit ca. 4 % einen höheren Kohlenstoffgehalt als Stahl mit einem Gehalt von unter 2 %. Daneben enthält Roheisen Begleitelemente wie Phosphor, Mangan und Schwefel.

b Das harte Roheisen ist spröde und nicht formbar. Stahl ist schmiedbar, man kann ihn schweißen und mit Werkzeugen mechanisch bearbeiten.
$2\,C + O_2 \rightarrow CO_2$
$2\,C + O_2 \rightarrow 2\,CO$

3 a Die Ausgangsstoffe für das im Konverter entstehende Calciumphosphat sind Calciumoxid und Phosphoroxid.
b $6\,CaO + P_4O_{10} \rightarrow 2\,Ca_3(PO_4)_2$

4 In Stahlwerken kann man sich zum/zur Chemielaboranten/-laborantin, Elektroniker/-in, Fachinformatiker/-in, Gießereimechaniker/-in, Mechatroniker/-in, Lokführer/-in … ausbilden lassen.

Spezialstähle

S. 160

1 Zur Edelstahlherstellung wird Eisen mit anderen Metallen, z. B. Chrom, Nickel, Mangan, Vanadium oder Wolfram, im flüssigen Zustand vermischt.

2 Solch ein Topf enthält 160 g Chrom und 64 g Nickel.

3 Damaszener Stahl ist sehr hart und zäh.

4 Heutzutage wird Damaszener Stahl hauptsächlich zur Herstellung von hochwertigen Küchen- und Jagdmessern sowie Gewehrläufen verwendet. Außerdem wird es in angeätzter Form als Schmuck verkauft.

Exkurs – Mythos Eisen

S. 161

1 Unter Meteoreisen versteht man Eisen, das mit Meteoriten aus dem Weltall auf die Erde gekommen ist.

2 Meteoreisen ist eine Legierung aus Eisen und 5–20 % Nickel.

3 Das Schmiedehandwerk war früher von hoher Bedeutung, da es nicht nur zur Produktion von Waffen für Kriege diente, sondern auch Alltagsgegenstände wie Messer und Hufeisen hergestellt werden konnten. Der Schmied wurde als „Beherrscher des Eisens" mit großem Respekt bedacht.

4 Metallbauer/-innen sind für den Bau, die Wartung und Instandsetzung von Metallkonstruktionen verantwortlich. Während der Ausbildung muss man sich bereits in einer der Fachrichtungen Konstruktionstechnik, Metallgestaltung oder Nutzfahrzeugbau spezialisieren.

Stoffe lassen sich ordnen

Alkalimetalle

S. 167

1 Die Alkalimetalle können zu einer Elementfamilie zusammengefasst werden, weil sie chemisch ähnliche Eigenschaften aufweisen.

2 a Ein mit Wasser gefülltes Reagenzglas wird in eine Schale mit Wasser gehalten. Unter die Reagenzglasöffnung wird mit einer Pinzette ein kleines Stück Lithium gehalten.

b Von dem Lithium steigen kleine Gasbläschen auf und verdrängen das Wasser aus dem Reagenzglas. Über der Wasseroberfläche bildet sich eine Gasblase.

c Bei dem Gas könnte es sich um Wasserstoff handeln. Diese Vermutung kann mit der Knallgasprobe überprüft werden. Dazu wird das Reagenzglas, sobald das Wasser vom Gas verdrängt wurde, noch unter Wasser mit dem Daumen verschlossen. Anschließend wird es an eine Brennerflamme gebracht und dort mit der Öffnung nach oben geöffnet. Ein Pfeifen oder Knallen zeigt die Anwesenheit von Wasserstoff an.

3 Die Dichte nimmt wie die Heftigkeit der Reaktion mit Luftsauerstoff und Wasser von Lithium bis Caesium zu. Die Schmelz- und Siedetemperaturen nehmen in dieser Reihe ab.

Erdalkalimetalle

S. 169

1 Individuelle Beantwortung durch die Schülerinnen und Schüler. Beispiele:
Name des Stoffes: Beryllium
Elementsymbol: Be
Schmelztemperatur: 1278 °C
Siedetemperatur: 2970 °C
Dichte: 1,85 g/cm^3
Reaktion mit Luft: schwach
Reaktion mit Wasser: keine

Name des Stoffes: Magnesium
Elementsymbol: Mg
Schmelztemperatur: 650 °C
Siedetemperatur: 1110 °C
Dichte: 1,74 g/cm^3
Reaktion mit Luft: langsam
Reaktion mit Wasser: nur mit warmem Wasser

Name des Stoffes: Calcium
Elementsymbol: Ca
Schmelztemperatur: 838 °C
Siedetemperatur: 1490 °C
Dichte: 1,55 g/cm^3
Reaktion mit Luft: schnell
Reaktion mit Wasser: deutliche Reaktion

Name des Stoffes: Strontium
Elementsymbol: Sr
Schmelztemperatur: 757 °C
Siedetemperatur: 1364 °C
Dichte: 2,58 g/cm^3
Reaktion mit Luft: schnell
Reaktion mit Wasser: heftig

Name des Stoffes: Barium
Elementsymbol: Ba
Schmelztemperatur: 725 °C
Siedetemperatur: 1640 °C
Dichte: 3,50 g/cm^3
Reaktion mit Luft: schnell
Reaktion mit Wasser: heftig

2 Beryllium reagiert nicht mit Wasser, Magnesium nur mit warmem Wasser und Barium reagiert mit Wasser heftig. Die Reaktivität mit Wasser nimmt dementsprechend von Beryllium bis Barium zu.

3 Da die Dichten der Erdalkalimetalle geringer als 5 g/cm^3 sind, handelt es sich um Leichtmetalle.

4 a Das brennende Magnesium entwickelt Temperaturen von weit über 2000 °C und kann deshalb nicht mit Wasser gelöscht werden.
b Magnesiumbrände dürfen ausschließlich mit trockenem Sand gelöscht werden. Der Brandherd wird dabei vollständig mit Sand bedeckt. Anschließend wird gewartet, bis der Brand vollständig ausgebrannt ist.

Exkurs – Ordnen

S. 171

1 Individuelle Beantwortung durch die Schülerinnen und Schüler. Beispiele:
Metalle (nach abnehmender Siede- und Schmelztemperatur und/oder zunehmender Reaktion mit Wasser): Lithium, Natrium, Kalium, Rubidium (Alkalimetalle); *Nichtmetalle* (nach abnehmender Siede- und Schmelztemperatur): Iod, Brom, Chlor, Fluor (Halogene)

2 Beim Ordnen wird zunächst nach einfachen Ordnungskriterien gesucht, nach denen sich etwas in Gruppen einteilen lässt. In einer Tabelle können die Ergebnisse nach Ergebnissen sortiert aufgelistet werden. Um die Ergebnisse zu verdeutlichen, können Gemeinsamkeiten farbig hervorgehoben werden.

Exkurs – Geschichte des Feuerwerks

S. 174

1 Feuerwerke wurden zu militärischen Zwecken, religiösen Festen und Feiern sowie Feierlichkeiten von Königshäusern gestartet.

2 Es besteht aus Kaliumnitrat, Schwefel und Holzkohle. Benannt wurde das Schwarzpulver nach dem Freiburger Mönch Berthold Schwarz.

3 Individuelle Beantwortung durch die Schülerinnen und Schüler. Beispiele:
Der Jahreswechsel wurde im germanischen Volksglauben mit der Vertreibung böser Dämonen und Geister durch Krawall und Lärm verbunden. Dazu dienten z. B. Rasseln, Peitschen und Pauken. Mit der Verbreitung des Schwarzpulvers im 15. Jahrhundert wurde es nach und nach üblich, dass große Feuerwerke an Königshäusern abgefeuert wurden. Zu Beginn des 20. Jahrhunderts wurde es durch die fortschreitende Entwicklung farbenfroherer und kostengünstigerer Feuerwerkskörper auch für den normalen Bürger üblich, an Silvester Raketen und Knaller abzufeuern.

Exkurs – Feuerwerk heute

S. 175

1 Alkalimetall- und Erdalkalimetallverbindungen werden in Feuerwerksraketen verwendet, da sie für die Farben verantwortlich sind.

2 a Individuelle Beantwortung durch die Schülerinnen und Schüler. Beispiele:
- Mit Feuerwerkskörpern niemals auf Menschen oder Tiere zielen!
- Aus Sicherheitsgründen sollten Jugendliche unter 18 Jahren nicht allein mit Feuerwerkskörpern hantieren.
- Böller dürfen nicht in der Kleidung getragen werden.
- Der Ort, an dem das Feuerwerk gezündet werden soll, muss vorbereitet werden. Hierzu sollten Fenster und Türen geschlossen und brennbare Gegenstände entfernt werden.
- Sollten Abschussrampen benötigt werden, sind diese stabil anzulegen.
- Wegen der leichten Brennbarkeit der Umgebung und zum Schutz der Wildtiere sollten Feuerwerke nicht im oder am Wald gezündet werden.
- Um Hörschäden zu vermeiden, sollten Ohrstöpsel getragen werden.
- Blindgänger dürfen nicht erneut gezündet werden, sondern müssen mit Wasser unschädlich gemacht werden.

b *Pro*: Feuerwerke unterstützen eine feierliche Stimmung und helfen, der Begeisterung Ausdruck zu verleihen.
Contra: Aufgrund der hohen Abbrenntemperaturen (ca. 2000 °C) können auch ohne direkten Kontakt schlimme Verbrennungen auftreten. Mögliche Brände können während des Abbrennens nicht gelöscht werden, auch die Überreste des Feuerwerks sind noch sehr lange heiß und können selbst bei kurzer Berührung zu schweren Verbrennungen führen.

3 Die Zerlegerladung kann neben Schwarzpulver und Brennstoffen Lithium (karminrot), Calcium (ziegelrot) oder Strontium (rot) als Zusätze enthalten.

Halogene

S. 177

1 Individuelle Beantwortung durch die Schülerinnen und Schüler. Beispiele:
Name des Stoffes: Fluor
Elementsymbol: F
Farbe des Gases: grünlich
Schmelztemperatur: –220 °C
Siedetemperatur: –188 °C
Eigenschaften: stark ätzend, giftig, reaktionsfähig
Vorkommen: Fluorit (Calciumfluorid)
Verwendung: Antihaftbeschichtung in Bratpfannen (Teflon®), Fluoridzusatz in Zahnpasta, Herstellung atmungsaktiver Membranen (GoreTex®)

Name des Stoffes: Chlor
Elementsymbol: Cl
Farbe des Gases: grüngelb
Schmelztemperatur: –101 °C
Siedetemperatur: –35 °C
Eigenschaften: stechender Geruch, giftig, desinfizierend
Vorkommen: Kochsalz (Natriumchlorid)
Verwendung: Desinfektionsmittel in Schwimmbädern, Ausgangsstoff zur Herstellung von Kunststoffen und Arzneimitteln

Name des Stoffes: Brom
Elementsymbol: Br
Farbe des Gases: braunrot
Schmelztemperatur: -7 °C
Siedetemperatur: 58 °C
Eigenschaften: leicht verdampfende Flüssigkeit, stark ätzend, giftig
Vorkommen: Meerwasser, Salzlagerstätten (als Verbindungen)
Verwendung: Flammschutzmittel, Schädlingsbekämpfungsmittel

Name des Stoffes: Iod
Elementsymbol: I
Farbe des Gases: blauviolett
Schmelztemperatur: 114 °C
Siedetemperatur: 183 °C
Eigenschaften: grauschwarzer Feststoff, der leicht unter Bildung blauvioletter Dämpfe sublimiert
Vorkommen: menschlicher Stoffwechsel (Verbindungen)
Verwendung: Füllgas in Halogenlampen

2 Chlor wird verwendet, um in Schwimmbädern Krankheitserreger unschädlich zu machen, es tötet Bakterien ab.

3 Fluor ist ein Element, das bei Raumtemperatur gasförmig vorliegt. Es ist stark ätzend und giftig. In Zahnpastas ist dagegen Fluorid enthalten, dabei handelt es sich um das einfach negativ geladene Ion F^-.

Edelgase

S. 178

1 Edelgase sind reaktionsträge, farblos, nicht brennbar, geruchlos und keine elektrischen Leiter.

2 Edelgase sind reaktionsträge und reagieren nicht mit dem Luftsauerstoff, auf diese Weise schonen sie das Glühlampenmaterial.

3 Helium ersetzt Wasserstoff seit dem verheerenden Unglück mit dem Luftschiff Hindenburg im Jahr 1937. Damals entzündete sich das Gas und es kamen 35 Menschen ums Leben. (Wasserstoff bildet ein explosives Gemisch mit Sauerstoff.)

Exkurs – Entstehung von Elementen im Weltraum

S. 179

1 Schon nach einer Tausendstelsekunde haben sich vermutlich die ersten Neutronen und Protonen gebildet. Ungefähr 300 000 Jahre später entstanden schließlich die ersten Atome (hauptsächlich Wasser- und Heliumatome). Heute finden sich auch Spuren anderer Elemente wie Sauerstoff, Kohlenstoff und Neon im Universum.

2 a Individuelle Beantwortung durch die Schülerinnen und Schüler. Beispiele:
Zusammensetzung: Ungefähr 98 % leichte Gase (75 % Wasserstoff und 23 % Helium sowie circa 2 % schwere Elemente wie Metalle); *Größe/Durchmesser:* 1 390 000 Kilometer; *Entfernung von der Erde:* 147 bis 152 Millionen Kilometer; *Dauer einer Umdrehung:* ca. 25 Erdentage; *Temperaturen:* Oberfläche = 5527 °C / Kern = 15 599 726 °C; *Alter:* 4,6 Milliarden Jahre
b Individuelle Beantwortung durch die Schülerinnen und Schüler.

3 Individuelle Beantwortung durch die Schülerinnen und Schüler. Beispiele:
Wikipedia sollte mit Blick auf schülergerecht aufgearbeitete Inhalte und mangelnde Informationskontrolle kritisch diskutiert werden. Gut aufbereitete Informationen, die sich direkt an Schülerinnen und Schüler richten, bietet beispielsweise die ESA: http://www.esa.int/esaKIDSde/index.html.

Exkurs – Geschichte des Periodensystems

S. 180

1 John Alexander Newlands stellte beim Sortieren der Elemente nach aufsteigender Atommasse fest, dass sich die Eigenschaften jeden achten Elements gleichen. Er nannte diese Gesetzmäßigkeit das „Gesetz der Oktaven".

2 Im Periodensystem von Mendelejew finden sich die Elementfamilien der ersten sieben Hauptgruppen. Die Gruppe der Edelgase fehlt.

Der Bau der Atome

Atome – unvorstellbar klein

S. 187

1 Wäre ein Atom so groß wie eine Murmel, könnte ein Mensch von der Erde aus fast den Mond berühren.

2 Etwa 5 000 000 Goldatome passen auf einer Länge von 1,5 mm nebeneinander:

$$\frac{1{,}5\ \text{mm}}{0{,}000\,0003\ \text{mm}} = 5\,000\,000$$

3 Da Atommassen unvorstellbar gering sind, werden Zahlenangaben in Gramm unübersichtlich: Sie enthalten 23 Stellen hinter dem Komma. Daher ist die Angabe in der Atommasseneinheit „u", bei der der Wert für Gramm mit dem Faktor 6×10^{23} multipliziert wird, üblich.

4 Schwefel hat eine Atommasse von 32 u. Es besitzt damit die 32-fache Masse des Wasserstoffs (1 u) und die annähernd dreifache Masse des Kohlenstoffs (12 u).

Exkurs – Zählen mit der Waage

S. 188

1 6×10^{23} Teilchen, da jeweils eine Stoffmenge von 1 Mol vorliegt:

- 1 Kupferatom = 63,5 u
  6×10^{23} Kupferatome = 63,5 g
- 1 Aluminium-Atom = 27 u
  6×10^{23} Aluminium-Atome = 27 g

2 Eisen- und Schwefelatome reagieren im Zahlenverhältnis 1 : 1 zu Eisensulfid. Um zu verhindern, dass Verunreinigungen von nicht umgesetztem Schwefel oder Eisen auftreten, muss die gleiche Teilchenanzahl von Eisen und Schwefel eingesetzt werden.
56 g Eisen und 32 g Schwefel enthalten die gleiche Menge an Teilchen.
Es liegen 7 g Eisen vor, dies entspricht einem Achtel von 56 g Eisen.
Um ein gleiches Verhältnis von Eisen und Schwefel zu erhalten, muss auch von der Schwefelmenge ein Achtel eingesetzt werden. Dies entspricht einer Menge von 4 g.

Exkurs – Rastertunnelmikroskop – Bilder von Atomen

S. 189

1 Die Oberfläche des zu untersuchenden Stoffes wird mit einer Wolframsonde abgetastet und daraus aufgrund von Computerberechnungen ein Bild erstellt.

2 Da mithilfe der Wolframsonde die Oberfläche des zu untersuchenden Stoffes abgetastet wird und aus den gewonnenen Daten auf der Basis einer Berechnung ein Bild entsteht, handelt es sich nicht um ein Foto, sondern lediglich um ein modellhaftes Abbild der Oberfläche.

Elektrische Ladungen

S. 190

1 Individuelle Beantwortung durch die Schülerinnen und Schüler. Beispiele:
- Laufen auf einem Teppichboden (elektrischer Schlag beim Berühren eines Gegenstands)
- Kämmen mit einem Kunststoffkamm („Haare stehen zu Berge")
- Reiben eines aufgeblasenen Luftballons an Kleidung (Haftung)
- Aus- und Anziehen von Kleidungsstücken (Knistern)
- Entrollen von Frischhaltefolie (Haftung)

2 Schon die Griechen nannten den Bernstein *élektron*, weil er beim Reiben mit Wolle bestimmte Gegenstände anzieht. Griechisch *élektron* bedeutet „das Anziehende". Alle Stoffe enthalten elektrische Ladungen. 1897 gelang dem Forscher THOMSON der Nachweis, dass negativ geladene Elektronen Bestandteil von Atomen sind. Der Physiker bewies mit seinen Experimenten zugleich, dass Atome nicht die kleinsten Teilchen sein können, sondern dass sie aus noch kleineren Teilchen, den sogenannten Elementarteilchen, aufgebaut sind.

Kern-Hülle-Modell

S. 193

1 RUTHERFORD schloss daraus, dass die Atome zum größten Teil aus leerem Raum bestehen müssen, den die massiven positiv geladenen Alpha-Teilchen ungehindert durchdringen konnten.

2 Atomkerne sind positiv geladen und im Verhältnis zur Hülle verschwindend klein. Daher treffen nur wenige Alpha-

Teilchen auf Atomkerne. Ist dies allerdings der Fall, werden sie aufgrund der gleichen positiven Ladung abgestoßen bzw. durch das Massezentrum in die Ausgangsrichtung zurückgelenkt.

3 Im Kern gibt es ein kleines positiv geladenes massives Zentrum: den Atomkern. Dieser enthält mehr als 99,9 % der Masse des Atoms und ist von einer fast leeren Atomhülle umgeben, in der sich die im Vergleich zum Atomkern fast masselosen Elektronen befinden.

4

Atomkern	Atomhülle
– enthält 99,9 % der Masse des Atoms	– enthält 0,1 % der Masse des Atoms
– positive Ladung	– negative Ladung
– im Verhältnis zur Hülle 10 000-mal kleiner	– im Verhältnis zum Atomkern 10 000-mal größer

5 Die Masse der Atome, die schon DALTON als charakteristisches Merkmal einer Atomsorte herausgestellt hat, befindet sich (fast) ausschließlich im Atomkern und nimmt verschwindend wenig Platz im Verhältnis zum Atomradius ein. Atome können also keine kompakten Kugeln sein.

6 Individuelle Beantwortung durch die Schülerinnen und Schüler. Beispiel:
Sensation: Die Welt besteht aus „Nichts"! *Ein aufsehenerregender Durchbruch.*
Der Chemiker ERNEST RUTHERFORD machte bei einem von ihm selbst konzipierten Streuversuch die überraschende Entdeckung, dass Atome zum größten Teil aus leerem Raum bestehen.
Er beschoss eine sehr dünn ausgerollte Goldfolie mit positiv geladenen Alpha-Teilchen, um zu untersuchen, auf welche Weise sie durch die Folie abgelenkt werden würden. Stattdessen stellte er fest, dass der überwiegende Anteil der Strahlenteilchen die Goldfolie ungehindert passieren konnte und nur sehr wenige Alpha-Teilchen abgelenkt oder in die Ausgangsrichtung zurückgelenkt wurden.
RUTHERFORD zog daraus den Schluss, dass sich in den Atomen verschwindend kleine, positiv geladene Massekerne befinden, die von einer fast leeren Hülle umgeben sind. In dieser Atomhülle sollen sich negativ geladene Elektronen befinden, deren Masse im Vergleich zum Atomkern verschwindend gering ist. Das bedeutet, dass Atome überwiegend aus leerem Raum bestehen müssen.

Elementarteilchen in Atomen

S. 195

1 Neutronen und Protonen

2 Im Kern des Aluminiumatoms befinden sich 13 Protonen, die elektrisch positiv geladen sind. In der Hülle umgeben 13 Elektronen den Kern, die elektrisch negativ geladen sind. Aus diesem Grund ist das Atom insgesamt elektrisch neutral.

3 Die Massenzahl gibt die Masse des Atomkerns an. Der Atomkern des Sauerstoffs wird aus Protonen und Neutronen gebildet, die jeweils die Masse 1 u besitzen. Es befinden sich insgesamt 16 Elementarteilchen im Atomkern des Sauerstoffs: acht Protonen und acht Neutronen. (Anmerkung: Die Masse der acht Elektronen in der Hülle ist annähernd gleich null.)

4

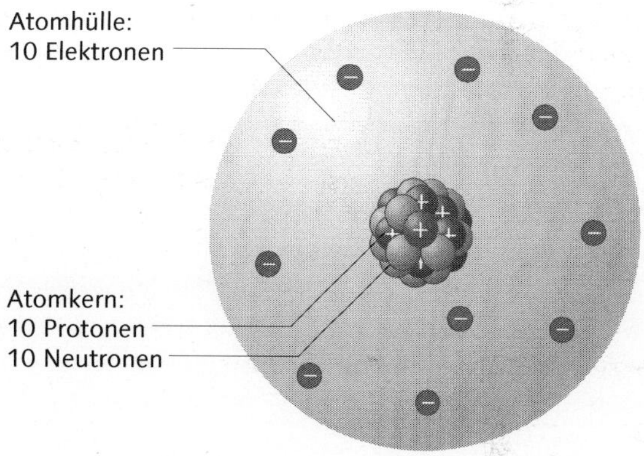

Schalenmodell

S. 197

1 Das Atommodell nach RUTHERFORD bringt vor allem die Erkenntnis, dass der Atomkern das massive positiv geladene Zentrum der Atome darstellt. Es liefert jedoch keine Erkenntnisse über Aufenthaltsräume der Elektronen.
Aus diesem Grund wurde das Schalenmodell entwickelt. Bei diesem befinden sich die Elektronen in bestimmten Aufenthaltsbereichen, den Schalen. Jede Schale kann nur eine bestimmte Anzahl an Elektronen aufnehmen.

2

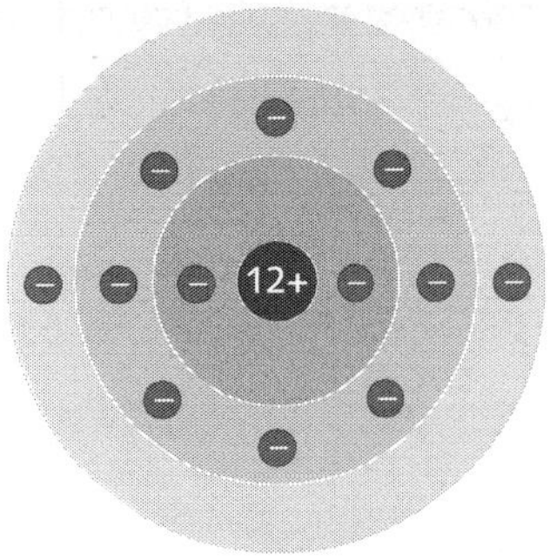

Magnesiumatom

3 *Helium* (2): 2 Außenelektronen; *Kohlenstoff* (6): 4 Außenelektronen; *Sauerstoff* (8): 6 Außenelektronen; *Magnesium* (12): 2 Außenelektronen; *Schwefel* (16): 6 Außenelektronen; *Chlor* (17): 7 Außenelektronen; *Argon* (18): 8 Außenelektronen

Exkurs – Geschichte der Atomvorstellungen

S. 198

1 Durch weitere Experimente werden neue Erkenntnisse gewonnen. Die Rückschlüsse auf die Zusammensetzung von Atomen müssen dann berücksichtigt werden, d. h. die bisherigen Modellvorstellungen werden überprüft und ggf. erweitert.

Entwicklung von Atommodellen

S. 199

1 Atome sind so klein, dass man sie nicht sichtbar machen kann. Daher kann man nur mit Vorstellungen arbeiten, die bestimmte Aspekte der Realität aufgreifen, und ein Modell entwickeln.

2 Bei chemischen Reaktionen werden die Teilchen umgeordnet, bleiben ansonsten aber unverändert. Aus diesem Grund ändert sich auch die Masse nicht.

Atombau und Periodensystem

S. 203

1 *Protonen:* 16; *Außenelektronen:* 6; *Anzahl der Schalen:* 3; *Anzahl der Elektronen:* 16

2 Natrium ist ein Alkalimetall. Es besitzt 11 Protonen und 12 Neutronen. Insgesamt enthält das Natriumatom 11 Elektronen, davon befindet sich eines in der äußersten der insgesamt drei Schalen: Natrium hat also ein Außenelektron.

3 Die Edelgase haben eine voll besetzte Außenschale, man spricht von einem Elektronenoktett. Elemente mit einer voll besetzten Außenschale befinden sich energetisch in einem optimalen Zustand und sind sehr reaktionsträge.

Exkurs – Entdeckung der Radioaktivität

S. 204

1 Henri Bequerel entdeckte zufällig, dass Uransteine eine lichtgeschützt in schwarzes Papier eingewickelte Fotoplatte belichten können. Er hatte Untersuchungen an den Uransteinen durchgeführt, die er unterbrechen musste. In der Zwischenzeit legte er die Uransteine in eine Schublade auf die einpackte Fotoplatte. Beim Entwickeln der Fotoplatte war der Umriss der Steine klar zu erkennen.

2 Individuelle Beantwortung durch die Schülerinnen und Schüler. Beispiel:
Marie Skłodowska Curie, geboren am 1.11.1867 in Warschau (Polen), gestorben am 4.7.1934 in Passy (Frankreich). Physikerin. Sie untersuchte die Strahlung von Uranverbindungen und entdeckte die radioaktiven Stoffe Radium und Polonium. Sie erhielt mehrere Auszeichnungen (Nobelpreis für Physik, Nobelpreis für Chemie, Matteucci-Medaille, Elliott Cresson Medal, Davy-Medaille). Marie Curie hatte zwei Kinder (Iréne Joliot-Curie und Ève Curie).

3 Individuelle Beantwortung durch die Schülerinnen und Schüler. Beispiel:
Marie Curie hat als einzige Frau zwei Mal einen Nobelpreis verliehen bekommen, noch dazu in zwei unterschiedlichen Gebieten (Physik und Chemie). (Daneben „Familienrekord" durch Nobelpreisverleihung an ihren Mann, ihre Tochter Irène Joliot-Curie und ihren Schwiegersohn Frédéric Joliot-Curie)

4 Radioaktive Strahlung steht im Verdacht, verschiedene Krebserkrankungen auszulösen.

Exkurs – Radioaktivität angewandt

S. 205

1 So lange Ötzi lebte, nahm er ständig C-14-Kohlenstoff-Atome aus der Umwelt auf. Nach seinem Tod fand keine Neuaufnahme der C-14-Kohlenstoff-Atome mehr statt und die im Körper vorhandenen zerfielen. Die Halbwertszeit der Atome beträgt 5730 Jahre, nach dieser Zeit ist die Hälfte aller ursprünglich vorhandenen C-14-Atome zerfallen. Durch Berechnungen kann man mit diesem Wissen den Zeitpunkt der letzten C-14-Atom-Aufnahme bestimmen – und damit Rückschlüsse auf das Alter von Ötzi ziehen.

2 Die Halbwertszeit ist die Zeit, nach der die Hälfte der radioaktiven Teilchen eines Stoffes zerfallen ist.

3 Radioaktive Strahlung wird durch den Zerfall von Atomkernen verursacht. Man unterscheidet zwischen drei Strahlungsarten: Alpha-, Beta- und Gamma-Strahlung.

Atomkern	Atomhülle
Alpha-Strahlung	– zweifach positiv geladene Heliumkerne – Ladung: 2+ – Reichweite: wenige Zentimeter – Abschirmung: Blatt Papier
Beta-Strahlung	– sehr schnelle, negativ geladene Elektronen – Ladung: 1- – Reichweite: einige Dezimeter – Abschirmung: Aluminiumbleche
Gamma-Strahlung	– energiereiche, elektromagnetische Strahlung – Ladung: keine – Reichweite: mehrere Meter – Abschirmung: Bleiplatte

Kohlenstoff	Uran	Größenverhältnis
Massenzahl 12 u	Massenzahl 238 u	ca. 1:20
Protonenzahl 6	Protonenzahl 92	ca. 1:15

Der Uranatomkern ist insgesamt um etwa das 20-fache größer als der Kohlenstoffatomkern. Dabei befindet sich im Verhältnis nur circa die 15-fache Menge an Protonen im Uranatomkern, der Rest der Masse stammt von Neutronen.

Salze und andere wichtige Stoffe

Kostbarkeit Salz

S. 211

1 Individuelle Beantwortung durch die Schülerinnen und Schüler. Beispiel:

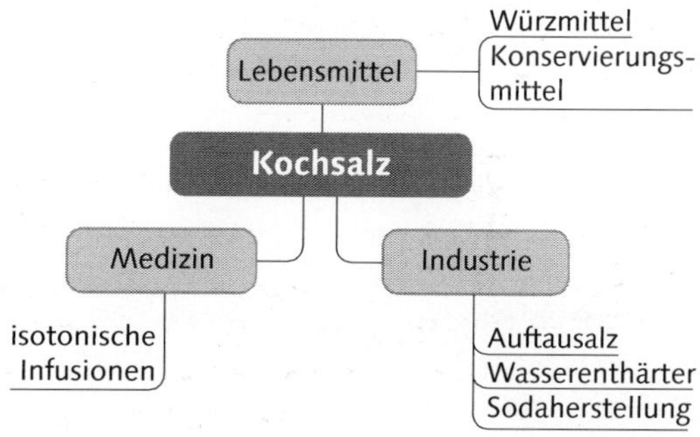

2 Meerwasser wird entweder in flache Verdunstungsbecken geleitet oder durch Wälle, Balken und Bretter vom Meer abgeteilt. Durch die Wärme verdunstet das Wasser mit der Zeit. Es entsteht zunächst ein Salzschaum, der langsam zu einer Art Kruste kristallisiert. Zwischen den Becken können Arbeiter auf kleinen Pfaden das Salz auf Schubkarren oder kleinen Wagen abtransportieren. Es wird an einer Stelle gesammelt, um es zu trocknen und zu kristallisieren.

3 Regulierung des Wasserhaushalts der Zellen, Regulierung des Blutdrucks, Ermöglichung der Reizleitung der Nervenzellen, Produktion von Magensäure

4 Individuelle Beantwortung durch die Schülerinnen und Schüler. Beispiele:
Den Konsum salzhaltiger Lebensmittel wie Knabbergebäck, Geräuchertem, Fertiggerichte etc. vermeiden, beim Kochen/Essen maßvoll salzen und/oder das Salz durch Gewürze ersetzen.

Exkurs – Vom Berg auf den Tisch

S. 212

1 Wenn einzelne Meeresgebiete im Laufe vieler Jahre von den Ozeanen abgetrennt wurden, verdunstete dort das Wasser und es konzentrierten sich allmählich die im Meerwasser

gelösten Mineralien. Schließlich lagerten sie sich am Boden ab und bildeten feste Salzschichten.

2 *Lösen (Extrahieren):* Um das Salz aus Gestein zu lösen, wird entweder Wasser in die Salzlagerstätte gepumpt (Nassabbau) oder die salzhaltigen Brocken in Wasser gegeben (Trockenabbau). Es entsteht eine konzentrierte Kochsalzlösung, die Sole. *Eindampfen:* Die Sole wird erhitzt, um das Wasser zu entfernen, zurück bleibt das Kochsalz. *Mechanische Zerkleinerung:* Beim Trockenabbau wird salzhaltiges Gestein durch Zerkleinern abgebaut.

3 Salzbergwerk Borth (Rheinberg-Borth)

Exkurs – Geschichte des Kochsalzes

S. 213

1 In der Jungsteinzeit begannen die Menschen, ihre Nahrung mit Salz schmackhaft und haltbar zu machen. Die römische Göttin Salus war für Erfolg und Wachstum zuständig. Römische Beamte erhielten ihren Lohn teilweise in Form einer Ration Kochsalz, die *salarium* hieß. Es gab immer wieder politische Verwicklungen und kriegerische Auseinandersetzungen um das „weiße Gold". Die Briten kontrollierten in ihren Kolonien die Kochsalzgewinnung und den Salzhandel. Seit Mitte des 19. Jahrhunderts ermöglichen die Fortschritte der Technik immer leistungsfähigere Abbauverfahren und das Erschließen von Salzvorkommen, die vorher nicht zugänglich waren. Heute werden weltweit jährlich mehr als 250 Mio. Tonnen Kochsalz mithilfe unterschiedlicher Methoden gewonnen, etwa 20 Mio. Tonnen davon in Deutschland.

2 Seitdem Mitte des 19. Jahrhunderts der Salzbergbau in großem Maßstab betrieben wurde, nahm auch der materielle Wert des Salzes stetig ab. Die Fortschritte der Technik ermöglichten immer leistungsfähigere Abbauverfahren und erschlossen Salzvorkommen, die vorher nicht zugänglich waren. Durch das größere Angebot sank auch der Preis.

3 Beispiele sind unter anderem Bad Friedrichshall, Bad Reichenhall, Halle (Saale), Halle (Westf.), Niedernhall, Schwäbisch Hall, Salzburg, Salzgitter und Bad Salzdetfurth.
Die Namensbestandteile „Salz-" oder „-hall" deuten auf den Abbau oder Handel mit Salz hin.

Salze – Verbindungen aus geladenen Teilchen

S. 214

1 In eine wässrige Lösung eines Salzes tauchen zwei Elektroden. Beim Anlegen einer Gleichspannung erhält man einen Pluspol und einen Minuspol. Die negativ geladenen Teilchen wandern zum Pluspol und die positiv geladenen Teilchen zum Minuspol.

2 Salze sind aus positiv und negativ geladenen Teilchen aufgebaut. Bei den positiv geladenen Teilchen handelt es sich um Kationen (Metallkationen), bei den negativ geladenen um Anionen.

Vom Atom zum Ion

S. 217

1 *Lithium-Ion:* +1; *Calcium-Ion:* +2; *Fluorid-Ion:* –1

2 Aus den beiden Stoffen Natrium und Chlor ist durch eine chemische Reaktion ein neuer Stoff mit ganz eigenen Eigenschaften entstanden: das Kochsalz.

3 Ionen entstehen durch Elektronenaufnahme oder Elektronenabgabe aus Atomen.

4

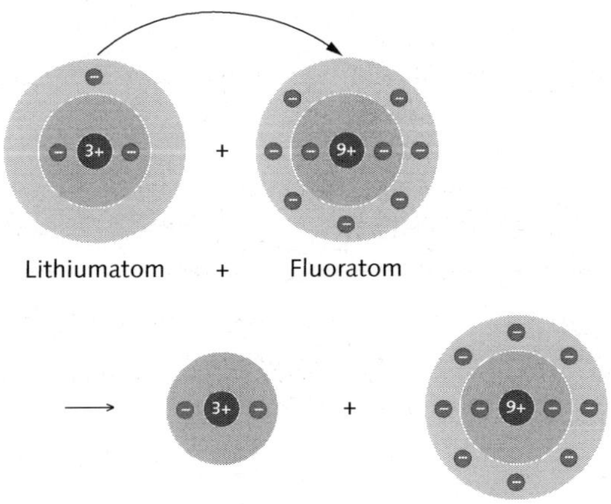

Gebildet werden Lithium-Ionen mit einer positiven Ladung und Fluorid-Ionen mit einer negativen Ladung.

Salze sind Ionenverbindungen

S. 219

1 Natriumchlorid weist die typischen Eigenschaften von Salzen auf:
- Es ist hart und spröde. Das liegt daran, dass Natriumchlorid aus einem Ionengitter besteht, in dem die positiv geladenen Natrium-Ionen und die negativ geladenen Chlorid-Ionen regelmäßig angeordnet sind. Wirkt auf das Ionengitter eine äußere Kraft, verschiebt sich das Gitter und gleiche Ladungen, die sich untereinander abstoßen, stehen sich gegenüber. Dadurch bricht der Kristall.

- Es hat eine hohe Schmelztemperatur (800 °C) und eine hohe Siedetemperatur (1465 °C), dies liegt an den großen Anziehungskräften zwischen den Ionen im Ionengitter.
- Eine wässrige Lösung von Natriumchlorid leitet den elektrischen Strom, da es im Wasser in positiv geladene Natrium-Ionen und negativ geladene Chlorid-Ionen zerfällt.

2 Im festen Natriumchlorid-Kristall befinden sich die Ionen auf festen Gitterplätzen, die sie nicht verlassen können.

3 *Kaliumchlorid:* Die kleinste Baueinheit ist KCl. Es sind genauso viele Kalium-Ionen wie Chlorid-Ionen gebunden.
Aluminiumchlorid: Die kleinste Baueinheit ist $AlCl_3$. Es sind dreimal so viele Chlorid-Ionen wie Aluminium-Ionen gebunden.

Elektronenpaarbindungen bei Molekülen

S. 221

1 *Elektronenpaarbindung:* Die Atome eines Moleküls sind durch gemeinsame Elektronenpaare verbunden. *Molekül:* Teilchen, das aus mindestens zwei Atomen besteht. *Einfachbindung:* Zwei Atome sind durch ein gemeinsames Elektronenpaar verbunden. *Doppelbindung:* Zwei Atome sind durch zwei gemeinsame Elektronenpaare verbunden. *Dreifachbindung:* Zwei Atome sind durch drei gemeinsame Elektronenpaare verbunden.

2

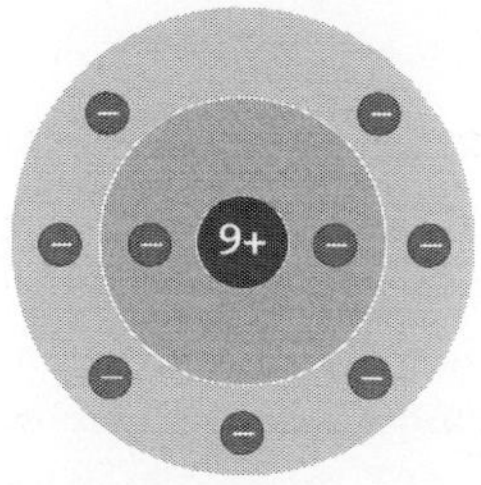

Zum Erreichen des Edelgaszustands fehlt ein Elektron.

3

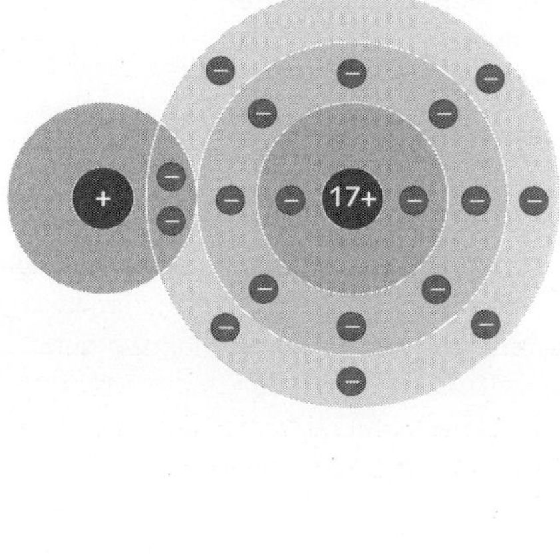

4 Stickstoffatome besitzen fünf Außenelektronen, zum Erfüllen der Oktettregel fehlen ihnen also drei Elektronen. Indem sich zwei Stickstoffatome drei Elektronenpaare teilen, erhält jedes vom anderen die drei noch fehlenden Elektronen.

Exkurs – Modelle veranschaulichen chemische Bindungen

S. 223

1 Individuelle Beantwortung durch die Schülerinnen und Schüler.
Hinweis: Wichtig ist, dass die Schülerinnen und Schüler die Vorgaben zur Modellerstellung berücksichtigen und nicht die Stoff- und Teilchenebene verwechseln oder vermischen.

2 Individuelle Beantwortung durch die Schülerinnen und Schüler (siehe Hinweis zu 1)

Polare Elektronenpaarbindung

S. 225

1 Bei einer polaren Elektronenpaarbindung ist das bindende Elektronenpaar in Richtung des Partners mit der höheren Elektronegativität verschoben. Als Konsequenz entstehen elektrische Teilladungen im Molekül, die die chemischen Eigenschaften beeinflussen.
Bei einer unpolaren Elektronenpaarbindung besitzen beide Partner die (annähernd) gleiche Elektronegativität, so dass es keine elektrischen Teilladungen im Molekül gibt.

2 Beim Chlorwasserstoff-Molekül hat das Chloratom einen höheren Elektronegativitätswert als das Wasserstoffatom. Als Folge zieht das Chloratom die Elektronen des gemeinsamen Elektronenpaars stärker an. Hieraus resultieren eine negative Teilladung am Chloratom und eine positive Teilladung am Wasserstoffatom. Durch den linearen Aufbau erscheint das Chlorwasserstoff-Molekül dennoch nach außen elektrisch neutral.

3 Die Edelgase haben eine volle Außenschale und erfüllen damit die Oktettregel. Aus diesem Grund ist keine Anziehung auf Elektronen zu beobachten und auch kein Elektronegativitätswert.

4 Aufgrund der unterschiedlichen Elektronegativitätswerte von Wasserstoff und Sauerstoff handelt es sich bei der Wasserstoff-Sauerstoff-Elektronenpaarbindung um eine polare Elektronenpaarbindung. Da das Wasser-Molekül gewinkelt ist, resultieren hieraus unterschiedliche Ladungsschwerpunkte (Minuspol und Pluspol).

5 Geordnet nach zunehmender Polarität:
Cl-Cl (EN-Differenz = 0); *H-Cl* (EN-Differenz: 0,9); *H-O* (EN-Differenz = 1,4); *H-F* (EN-Differenz: 1,9)

Eigenschaften des Wassers

S. 227

1 Wasserstoffbrückenverbindungen wirken als Anziehungskräfte zwischen den Wasser-Molekülen. Die negative Teilladung am Sauerstoffatom wirkt dabei anziehend auf die positive Teilladung am Wasserstoffatom.

2 An der Oberfläche wirken die Anziehungskräfte der inneren Wasser-Moleküle auf die oberste Schicht. Da diese in keine weitere Wechselwirkung treten können, weist die Oberfläche von Wasser eine Spannung auf.

3 Dringt Wasser in undichte Straßenabschnitte ein, beispielsweise in Risse in der Fahrbahn, und kommt es in der Folge zur Frostbildung, kann die Folge eine Vergrößerung des Risses – ein Schlagoch – sein. Der Grund hierfür ist die Dichteanomalie: Wasser nimmt im festen Zustand (Eis) ein größeres Volumen ein als die gleiche Menge flüssiges Wasser.

4 Gibt man einen Salzkristall in Wasser, werden die Wasser-Moleküle von den Ionen im Salzkristall angezogen. Als Folge lagern sich die Wasser-Moleküle am Kristall an. Mit der Zeit schieben sich die Wasser-Moleküle immer weiter zwischen die Salzkristall-Ionen, wobei sich die Wasser-Moleküle so orientieren, dass die negative Teilladung des Sauerstoffatoms in Richtung der Natrium-Ionen und die positive Teilladung des Wasserstoffatoms in Richtung der Chlorid-Ionen orientiert ist. Am Ende des Lösevorgangs sind die einzelnen Ionen jeweils komplett von Wasser-Molekülen umschlossen, man sagt auch hydratisiert.

5 Zunächst liegen die Ionen des Natriumchlorids als hydratisierte Teilchen in der wässrigen Lösung vor. Je mehr Wasserteilchen verdampfen, desto weniger Wasserteilchen stehen den Natrium- und Chlorid-Ionen gegenüber, die sich wieder verstärkt gegenseitig anziehen. Am Ende bilden die Natriumteilchen und die Chloridteilchen wieder ein Ionengitter und das Salz verbleibt als kristallines Pulver.

Exkurs – Wenn Salze auf Wasser treffen …

S. 228

1 Bei der Zusammengabe von Natriumnitrat und Wasser erreicht man eine Temperatur von ungefähr –5 °C, bei der Zusammengabe von Natriumnitrat und Eis werden circa –15 °C erreicht.

2 In der Ummantelung des „Hot Drinks" befindet sich Calciumchlorid, zu dem Wasser gegeben wird. Die Energie, die bei der Hydratation der Ionen frei wird, übersteigt die Gitterenergie und es kommt zu einer Erwärmung.

Exkurs – Wie funktioniert ein Mikrowellenherd?

S. 230

1 Wesentlich für das Erhitzen von Speisen in einer Mikrowelle ist die Anwesenheit von Wasser. Die Dipolmoleküle des Wassers werden durch die elektromagnetischen Mikrowellen zum Schwingen gebracht und stoßen aneinander. Durch diese Teilchenbewegung steigt die Temperatur und das Getränk wird erwärmt.

2 Da das Frühstücksei Wasser enthält und dieses sich beim Erwärmen ausdehnt, aber nicht entweichen kann, wird das Ei platzen.

Metallbindung – Bau der Metalle

S. 231

1 Die Metallbindung entsteht durch die Wechselwirkung zwischen den positiv geladenen Atomrümpfen und dem frei beweglichen, negativ geladenen Elektronengas.

2 Da Metalle aus einem großen Verbund positiv geladener Atomrümpfe bestehen, die alle durch ein gemeinsames Elektronenpaar zusammengehalten werden, kommt es beim Einwirken einer äußeren Kraft nicht zu einer Veränderung der Bedingungen innerhalb eines Metalls.

3 Der wesentliche Unterschied zwischen Metallen und Salzen besteht in ihrem Bau: Während Salze aus einem Ionengitter bestehen, bei dem positive und negative Ionen einander gegenüber liegen, bestehen Metalle aus einem großen Verbund positiv geladener Atomrümpfe, die durch ein gemeinsames Elektronengas zusammengehalten werden.

Säuren und Laugen

Säuren und Laugen im Alltag

S. 239

1 Individuelle Beantwortung durch die Schülerinnen und Schüler. Beispiele:
Ascorbinsäure, Citronensäure, Essigsäure, Propionsäure

2 Individuelle Beantwortung durch die Schülerinnen und Schüler. Beispiele:
a Verwendung von Säuren:

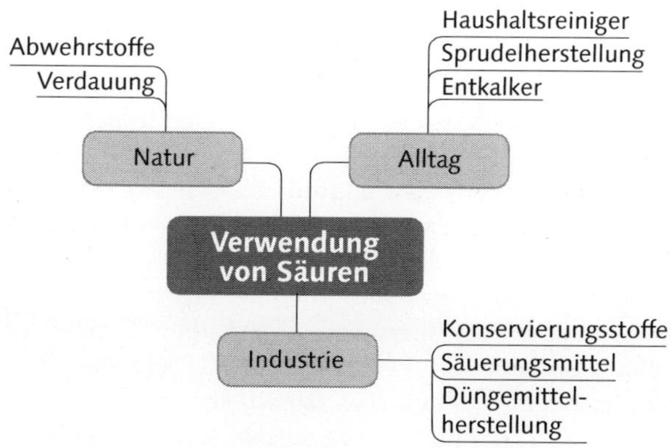

b Verwendung von Laugen:

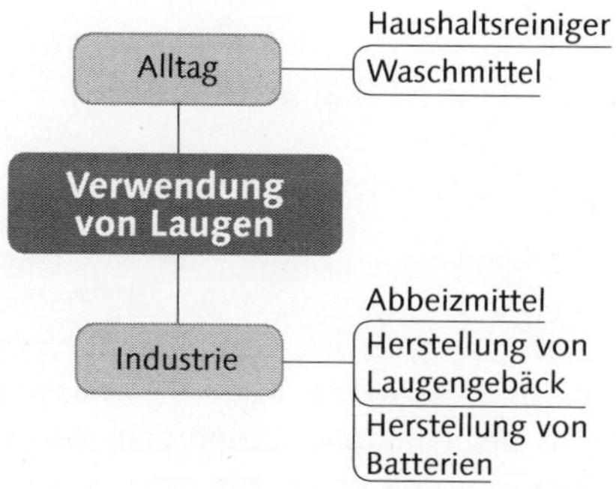

3 Im Alltag werden Laugen hauptsächlich in Reinigungs- und Waschmitteln wie beispielsweise im Abflussreiniger, im Backofenspray, in Fensterputzmitteln oder in Scheuermilch verwendet.

4 Auf Haushaltsreinigern, die Säuren enthalten, findet sich das Gefahrensymbol GHS05 (ätzende Stoffe). Auf Haushaltsreinigern, die Laugen enthalten, finden sich die Gefahrensymbole GHS05 (ätzende Stoffe), GHS07 (gesundheitsschädliche Stoffe) und GHS09 (wassergefährdende Stoffe).

5 Die Lauge bleibt nur auf der Oberfläche des Teiges, dringt also nicht in die Brezel ein. Beim Backen tritt Kohlenstoffdioxid aus dem Teig aus und die Lauge wird in das Salz Natriumhydrogencarbonat umgewandelt. Durch diese chemische Reaktion geht die gefährliche ätzende Wirkung verloren.

Säuren und Laugen lassen sich nachweisen

S. 240

1 Ein Indikator zeigt durch seine Farbe bzw. seine Farbänderung an, ob es sich bei einer Lösung um eine Säure, eine Lauge oder eine neutrale Lösung handelt.

2 *sauer:* pH < 7; *neutral:* pH = 7; *alkalisch:* pH > 7

Exkurs – Natürliche Indikatoren

S. 241

1 Schwarzer Tee (beige); Blaukrautsaft (rot); Roter Rooibos-Tee (hellbraun)

2 Gibt man Zitronensaft in schwarzen Tee, hellt er sich auf (Farbe: beige). Roter Rooibos-Tee zeigt ein ähnliches Verhalten: Säuren färben ihn hellbraun. Hagebuttentee wird durch Zitronensaft tiefrot gefärbt.

3 Individuelle Beantwortung durch die Schülerinnen und Schüler. Hinweis:
Es soll deutlich werden, dass Blaukraut z. B. mit Natron gekocht wird, Rotkohl dagegen mit Essig.

Salzsäure – eine saure Lösung

S. 245

1 Individuelle Beantwortung durch die Schülerinnen und Schüler. Beispiele:
Saure Lösungen sind ätzend, reagieren mit Kalk und unedlen Metallen, färben Lackmus rot, leiten Strom und enthalten Wasserstoff-Ionen.

2 Salzsäure ist eine der wichtigsten Grundchemikalien in der chemischen Industrie. Sie wird z. B. zum Reinigen von Kalkmörtelresten oder zum Ätzen von Metallschildern genutzt.

3 a $HBr \xrightarrow{H_2O} H^+ + Br^-$

b $HNO_3 \xrightarrow{H_2O} H^+ + NO_3^-$

4 In der festen Citronensäure liegen keine freien Ionen vor, die als elektrische Ladungsträger fungieren könnten. Erst beim Lösungsvorgang entstehen Wasserstoff-Ionen und Säurerest-Ionen. Aus diesem Grund kann nur die saure Lösung der Citronensäure den elektrischen Strom leiten.

Reaktionen von sauren Lösungen

S. 246

1 Eisen(III)-chlorid kann durch folgende Reaktionen hergestellt werden:
- Eisen reagiert mit Chlor:
  $2\,Fe + 3\,Cl_2 \longrightarrow 2\,FeCl_3$
- Eisenpulver wird in Salzsäure gelöst und Chlor über das Produkt geleitet:
  $2\,Fe + 2\,HCl + 2\,Cl_2 \longrightarrow 2\,FeCl_3 + H_2$

2 Marmor ist ein Carbonatgestein. Es löst sich in der Säure Essig unter Bildung von Kohlenstoffdioxid auf.

Kohlensäure

S. 248

1 Die saure Wirkung entsteht dadurch, dass die entstehende Kohlensäure im Wasser dissoziiert. Bei der Dissoziation entstehen positiv geladene Wasserstoff-Ionen und negativ geladene Hydrogencarbonat-Ionen.

$H_2CO_3 \longrightarrow H^+ + HCO_3^-$

Bei den Gasbläschen in kohlensäurehaltigen Getränken handelt es sich um gasförmiges CO_2.

2 Das frische Sprudelwasser auf der linken Seite ist vom Universalindikator rot gefärbt, weil es Kohlensäure enthält. Durch das Erhitzen nimmt die Konzentration an Kohlensäure ab, bis nach dem Erhitzen in dem Wasser keine Kohlensäure mehr enthalten ist. Aus diesem Grund zeigt der Universalindikator im rechten Bild einen neutralen pH-Wert an.

Schwefelsäure

S. 250

1 Schwefelsäure zersetzt organische Stoffe, aus diesem Grund sind Schutzmaßnahmen wie Handschuhe, Schutzbrille und Schutzkittel unerlässlich. Da beim Verdünnen mit Wasser eine enorme Hitze frei wird, muss die Säure beim Verdünnen ins Wasser gegeben werden – im umgekehrten Fall würde das Wasser beim Auftreffen sofort verdampfen und die Säure mit sich reißen.

Exkurs – Saurer Regen

S. 251

1 Lösen sich Luftschadstoffe wie Stickstoffoxide oder Schwefeldioxid in Wasser (in Form von Regen oder Schnee), so entstehen saure Lösungen, wie schweflige Säure, Schwefelsäure oder Salpetersäure. Diese Säuren führen zu einem Regen mit niedrigem pH-Wert – der Regen wird sauer und schädigt die Umwelt.

2 Hauptverursacher des sauren Regens sind Industrie, Kraftwerke und Verkehr. Überall, wo Erdöl, Kohle oder Treibstoff verbrannt wird, entstehen Abgase, die bei Kontakt mit Wasser zur Entstehung von saurem Regen führen.

3 Durch sauren Regen werden in den Wäldern wichtige Ionen wie Magnesium-, Kalium- und Calcium-Ionen aus dem Boden herausgewaschen und durch Wasserstoff-Ionen ersetzt. Die damit einhergehende Absenkung des pH-Werts führt zu Schäden an den Wurzeln und schließlich durch eine Mangelversorgung zum Absterben der Pflanzen. Auch Gewässer können bei Übersäuerung absterben. Gestein, insbesondere Sand- und Kalkstein, wird durch sauren Regen zersetzt. Am sinnvollsten ist es, sauren Regen durch Verringerung schädlicher Abgase zu vermeiden. Bereits übersäuerte Böden können durch Kalk neutralisiert werden.

Natronlauge – eine alkalische Lösung

S. 255

1 Individuelle Beantwortung durch die Schülerinnen und Schüler. Beispiele:
Natronlauge ist ätzend, besitzt einen hohen pH-Wert und färbt Lackmus blau. Sie wird u. a. zur Herstellung von Laugengebäck, als Reinigungsmittel und zum Abbeizen von Holz verwendet.

2 Eine alkalische Lösung enthält Hydroxid-Ionen.

3 $Mg + 2\,H_2O \longrightarrow Mg^{2+} + 2\,OH^- + H_2$
Reaktionsprodukte: Magnesium-Ionen, Hydroxid-Ionen, Wasserstoff

4 Im festen Metallhydroxid sind die Ionen im Gitter gebunden. In Wasser zerfällt das Ionengitter in die frei beweglichen Ionen: positiv geladene Metall-Ionen und negativ geladene Hydroxid-Ionen. Die frei beweglichen Ionen transportieren die elektrische Ladung.

5 Verkalkungen lassen sich am besten mit Säuren (z. B. Citronensäure oder Essig) lösen. Organische Stoffe wie verbrannte Essensreste werden am besten durch alkalische Reinigungsmittel auf Basis von Natriumhydroxid in zersetzt.

Ammoniak-Lösung reagiert alkalisch

S. 256

1 Individuelle Beantwortung durch die Schülerinnen und Schüler. Beispiel:
Name: Ammoniak
Elementsymbol: NH_3
Aggregatzustand: gasförmig
Aussehen: farblos
Eigenschaften: stechend riechend, giftig
Schmelztemperatur: –78 °C
Siedetemperatur: –33 °C
Dichte: 0,77 g/cm^3
Verwendung: in Haushaltsreinigern und Fensterputzmitteln, zur Produktion von Düngemitteln aus Ammoniumsalzen, als Grundstoff für die Herstellung von Kunststoffen und Farbstoffen.

2 Das gasförmige Ammoniak bildet erst bei der Reaktion mit dem Wasser Hydroxid-Ionen, die das Indikatorpapier blau färben.

Exkurs – Eine neue Definition für Säuren und Basen

S. 257

1 Der dänische Chemiker Johann Nicolaus Brönsted definierte Säuren als Protonenspender (Protonendonatoren). Da Bromwasserstoffmoleküle (HBr) im Wasser in H^+-Ionen und Br^--Ionen dissoziieren und diese H^+-Ionen von Wasser-Molekülen aufgenommen werden können, ist Bromwasserstoff eine Brönsted-Säure.

2 Eine Base nimmt als Protonenakzeptor Protonen auf. Die wässrige Lösung einer Base wird als Lauge bezeichnet und enthält Hydroxid-Ionen (OH^--Ionen).

3 Individuelle Beantwortung durch die Schülerinnen und Schüler.

4 Individuelle Beantwortung durch die Schülerinnen und Schüler. Beispiel:
Name: Johannes Nicolaus Brönsted
Leben und Arbeit:
Geboren: 22.02.1879 in Varde (Dänemark),
gestorben: 17.12.1947 in Kopenhagen
1897–1902: Chemiestudium in Kopenhagen
1908: Promotion an der Universität Kopenhagen mit Lehrstuhl für physikalische Chemie
1926/27: Gastprofessur an der Yale und Columbia University
ab 1930: Direktor des physikalisch-chemischen Instituts der Technischen Hochschule Kopenhagen
Schwerpunkt seiner Arbeit: Vertiefung der Säuretheorie

Neutralisation

S. 261

1 a
$2\,Na^+ + 2\,OH^- + 2\,H^+ + SO_4^{2-} \longrightarrow 2\,Na^+ + SO_4^{2-} + 2\,H_2O$
Natronlauge + Schwefelsäure ⟶ Natriumsulfat + Wasser
b
$K^+ + OH^- + H^+ + NO_3^- \longrightarrow K^+ + NO_3^- + H_2O$
Kalilauge + Salpetersäure ⟶ Kaliumnitrat + Wasser
c
$Na^+ + OH^- + H^+ + NO_3^- \longrightarrow Na^+ + NO_3^- + H_2O$
Natronlauge + Salpetersäure ⟶ Natriumnitrat und Wasser

2 Kaliumfluorid kann durch die Neutralisation von Kalilauge mit Flusssäure (HF) hergestellt werden.
$K^+ + OH^- + H^+ + F^- \longrightarrow K^+ + F^- + H_2O$
Kalilauge + Flusssäure ⟶ Kaliumfluorid und Wasser

3 Konzentrierte Schwefelsäure darf nicht in den Abfluss entsorgt werden. Sie muss vorher mit einer Lauge, beispielsweise mit Natronlauge, neutralisiert werden. Die resultierende Lösung kann inklusive dem entstandenen Salz, beispielsweise Natriumsulfat, in den Abfluss gegeben werden.

Exkurs – Massenanteil und Stoffmengenkonzentration

S. 262

1 a 10%ige Citronensäure:
Es werden 10 g Citronensäure in 90 g Wasser gelöst.
b Kalilauge mit c = 0,5 mol/l:
Es werden 28 g Kaliumhydroxid in einem Liter Wasser gelöst.
Rechenweg: Es wird ein halbes Mol Kaliumhydroxid (KOH) benötigt.
1 Mol Kaliumhydroxid hat die Masse:
39 g (K) + 16 g (O) + 1 g (H) = 56 g (KOH)
Ein halbes Mol hat die Masse:
56 g x 0,5 = 28 g

2 a 500 ml Natronlauge mit c = 0,3 mol/l:
Es werden 6 g Natriumhydroxid in 500 Milliliter Wasser gelöst.
Rechenweg: Es werden 0,3 Mol Natriumhydroxid (NaOH) für einen Liter Wasser benötigt.
1 Mol = 40 g (KOH)
0,3 Mol = 12 g
Für einen halben Liter wird entsprechend die Hälfte der Masse benötigt.
b 100 ml einer Kalilauge mit c = 0,1 mol/l:
Es werden 56 mg Kaliumhydroxid in 100 ml Wasser gelöst.
c 200 ml einer 10%igen Natronlauge:
Es werden 20 g Natriumhydroxid in 180 g Wasser gelöst.

3 Die Lösung muss mit Wasser auf ein Volumen von 1000 Liter verdünnt werden.

Energie aus chemischen Reaktionen

Elektronenübertragung bei chemischen Reaktionen

S. 268

1 Individuelle Beantwortung durch die Schülerinnen und Schüler. Beispiel:
Bei der Reaktion von Magnesium und Sauerstoff zu Magnesiumoxid wird das Magnesium oxidiert. Das Magnesium wirkt als Elektronendonator und gibt zwei Elektronen an den Sauerstoff, den Elektronenakzeptor, ab.

2 Bei einer Oxidation geben Atome Elektronen ab, bei der Reduktion nehmen sie Elektronen auf.

3

Oxidation: $2\ Na \longrightarrow 2\ Na^{+} + 2\ e^{-}$
Reduktion: $S + 2\ e^{-} \longrightarrow S^{2-}$

Gesamtreaktion: $2\ Na + S \longrightarrow Na_2S$ (Oxidation: Na → Na; Reduktion: S → S)

Elektronendonator: Natrium, Elektronenakzeptor: Schwefel

4 Allgemein beschreibt das Donator-Akzeptor-Prinzip chemische Reaktionen, bei denen ein oder mehrere Teilchen von einem Reaktionspartner (Donator) auf den anderen Reaktionspartner (Akzeptor) übertragen werden.

Chemische Reaktionen mithilfe von elektrischer Energie

S. 269

1 *Elektrolyse:* Zerlegen einer chemischen Verbindung mithilfe des elektrischen Stroms; *Galvanisieren:* Überziehen eines metallischen Gegenstands mit einer dünnen Schicht eines andern Metalls.

2 Oxidation: $2\ Cl^{-} \longrightarrow Cl_2 + 2\ e^{-}$
Reduktion: $Cu^{2+} + 2\ e^{-} \longrightarrow Cu$

3 Individuelle Beantwortung durch die Schülerinnen und Schüler. Beispiele:

Wasserhahn (verchromt); Zierblende am Auto (verchromt); Pokal (vergoldet); Schrauben (verkupfert); Nägel (verzinkt); Schmuckstück (versilbert)

Aus chemischer Energie entsteht elektrische Energie

S. 271

1 Eine galvanische Zelle besteht aus zwei Elektroden, die in einen Elektrolyt eintauchen.

2 a Individuelle Beantwortung durch die Schülerinnen und Schüler. Beispiel:

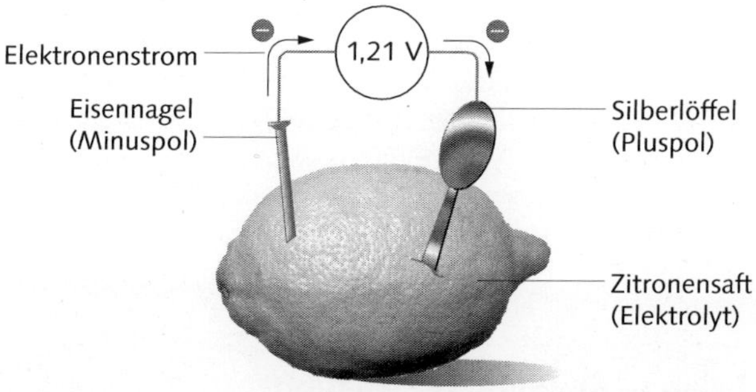

b Die Elektronen fließen vom Eisennagel zum Silberlöffel, da Eisen das unedlere Metall ist und als Elektronendonator wirkt, seine Elektronen also an das edlere Silber abgibt.
c Es wird eine Spannung von 1,21 Volt erreicht.
d Der Eisennagel könnte sich komplett aufgelöst haben.

Exkurs – Entdeckungen von Galvani und Volta

S. 272

1 Die beiden Metalle bilden mit dem Speichel als Elektrolyt ein galvanisches Element. Wenn Elektronen von der Zink- zur Silbermünze fließen, kribbelt es auf der Zunge.

2 Wenn zwei unterschiedliche, miteinander verbundene Metalle mit der Flüssigkeit im Froschschenkel in Berührung kommen, entsteht ein galvanisches Element. Der dabei entstehende elektrische Strom verursacht das Zucken der Froschschenkel.

3 a LUIGI GALVANI
Geboren: 09.09.1737 in Bologna, Italien
Gestorben: 04.12.1798 in Bologna, Italien
1762: Professor der Medizin zu Bologna
1775: Professor der praktischen Anatomie
1780: Entdeckung des Galvanismus
b ALESSANDRO VOLTA
Geboren: 18.02.1745 in Como
Gestorben: 05.03.1827 in Como
1774: Superintendent und Direktor der staatlichen Schulen in Como
1775: Professor für Experimentalphysik an der Schule in Como
1775: Erfindung des Elektrophors
1776: Entwicklung der Voltapistole
1778: Professor für Physik an der Universität Pavia
1800: Entwicklung der Voltasäule

Energiespeicherung in Batterien

S. 276

1 Eine Batterie ist ein chemischer Energiespeicher. Die gespeicherte chemische Energie wird beim Entladen der Batterie in elektrische Energie umgewandelt.

2 a Primärbatterien können nicht wieder aufgeladen werden. Sekundärbatterien sind dagegen wieder aufladbar,
b *Primärbatterien:* Alkaline-Batterie, Zink-Kohle-Batterie; *Sekundärbatterien:* Lithium-Ionen-Akku, Nickel-Cadmium-Akku

3 Lithium-Ionen-Akkus sind die derzeit leistungsstärksten Akkus und eignen sich wegen ihrer hohen Energiedichte hervorragend für den Betrieb von Geräten, die in kurzer Zeit viel Energie brauchen und häufig in Gebrauch sind.

4 Eine 4,5-V-Flachbatterie kann aus 3 Zink-Mangandioxid-Zellen bestehen.

Exkurs – Die Autobatterie – ein Bleiakku

S. 277

1 Pluspol: $Pb^{2+} \longrightarrow Pb^{4+} + 2e^-$
Minuspol: $Pb^{2+} + 2e^- \longrightarrow Pb$

2 Eine 12-V-Batterie besteht aus 6 hintereinander geschalteten Zellen.

3 Individuelle Beantwortung durch die Schülerinnen und Schüler. Beispiel:

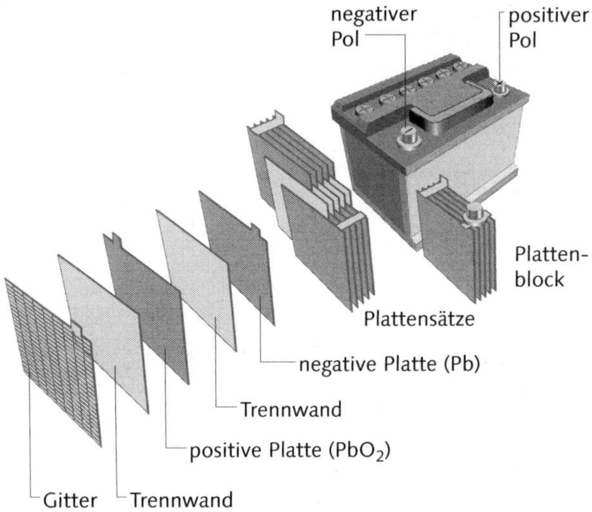

4 a Individuelle Beantwortung durch die Schülerinnen und Schüler. Beispiele:
- die Batterie ist entladen, da bei ausgeschaltetem Motor ein Verbraucher, z. B. das Autoradio, Licht, Gebläse, eingeschaltet war (die Lichtmaschine kann nur bei laufendem Automotor die Batterie aufladen)
- die Batterie ist kaputt (die Bleiplatten sind verschlissen, die Batterie ist eingetrocknet …)

b Ist die Batterie entladen, wird sie mit einem externen Ladegerät aufgeladen. Sollte die Batterie kaputt sein, muss das Auto mit einer externen Batterie fremdgestartet und die Batterie ersetzt werden.

Einsatz und Entsorgung von Batterien und Akkus

S. 278

1 *Armbanduhr:* Primärbatterie, da sie sich für Geräte eignet, die über einen längeren Zeitraum eine konstante Spannung benötigen.
Laptop: Sekundärbatterie, da sie sich für Geräte eignet, die in kurzer Zeit viel Energie benötigen und häufig in Gebrauch sind.

2 Aus alten Batterien können Eisen, Nickel, Mangan, Kohlenstoff, Zink sowie Quecksilber, Blei und Cadmium gewonnen werden.

3 Quecksilber, Blei und Cadmium sind giftig und umweltgefährlich.

Wasserstoff – Energiespeicher der Zukunft?

S. 281

1 Bei der Verbrennung von Wasserstoff entsteht als einziges Produkt Wasser.

2 a Bei beiden „Verbrennungen" reagiert Wasserstoff mit Sauerstoff zu Wasser.
b In der Brennstoffzelle läuft die „Verbrennung" im Gegensatz zur Verbrennung an der Luft ohne Flammenerscheinung ab, auch die Wärmeentwicklung ist geringer.

3 Eine Wasserstoff-Brennstoffzelle liefert eine Spannung von 0,5 bis 1 Volt.

4 Der Sauerstoff wird der Umgebungsluft entnommen.

5 a
Oxidation: $2\,H_2 \longrightarrow 4\,H^+ + 4\,e^-$
Reduktion: $O_2 + 4\,e^- \longrightarrow 2\,O^{2-}$
b Die Synthese von Wasser beinhaltet die Oxidation von Wasserstoff, der als Elektronendonator wirkt und ein Elektron abgibt. Dabei entsteht ein Wasserstoff-Ion. Zusätzlich findet die Reduktion von Sauerstoff statt, welches als Elektronenakzeptor wirkt und zwei Elektronen aufnimmt. Dabei entsteht ein Sauerstoff-Ion.

Exkurs – Mobilität der Zukunft

S. 283

1

	Vorteile	Nachteile
Benzinauto	- einfache Betankung - große Reichweite - aktuell preisgünstigste Alternative	- begrenzte Ressourcen (Erdöl) - umweltbelastende Abgase
Elektroauto	- ressourcenschonend (regenerative Energiequelle) - umweltschonend	- teuer in der Anschaffung und Unterhaltung - aufwändige Betankung - geringe Reichweite

2 a Beim Elektroauto wird das Auto mit „Strom betankt" und die elektrische Energie in einem Akku gespeichert. Beim Brennstoffzellenauto wird der Strom im Auto aus Wasserstoff und Sauerstoff erzeugt.
b Die Fahrzeuge können nur dann als umweltschonend bezeichnet werden, wenn der Wasserstoff bzw. der Strom mithilfe von regenerativen Energieträgern erzeugt wird.

3 Die Energiedichte muss 1 kWh/kg betragen.
Rechnung:
Gegeben: Strecke $l = 800$ km; Masse $m = 320$ kg
Gesucht: Energiedichte (ω_{el}) der „Futurebatterie 2020"
Information aus dem Text: Mit der Energie $W = 1$ kWh kann ein Elektroauto eine Strecke von $l = 2{,}5$ km zurücklegen.
Rechenweg:
Energie für eine Strecke von 800 km:

$$W = \frac{800 \text{ km x } 1 \text{ kWh}}{2{,}5 \text{ km}} = 320 \text{ kWh}$$

Daraus resultierende Energiedichte:

$$\omega_{el} = \frac{320 \text{ kWh}}{320 \text{ kg}} = 1 \frac{\text{kWh}}{\text{kg}}$$

Hinweis für die Lehrkraft: Derzeit haben Li-Ionen-Akkus eine Energiedichte von 0,3 kWh/kg. Obwohl die Differenz zur benötigten Energiedichte von 1 kWh/kg nicht hoch zu sein scheint, stellt es die Technik vor erhebliche Herausforderungen. Bisher konnte kein Akku mit einer solchen Energiedichte hergestellt werden.

Kohlenwasserstoffe – Energieträger und Rohstoffe

Entstehung von Erdöl, Erdgas und Kohle

S. 289

1 Fossile Energieträger wie Erdöl, Erdgas und Kohle sind in geologischer Vorzeit aus abgestorbenen pflanzlichen bzw. tierischen Stoffen entstanden.

2 a Vor mehr als 250 Millionen Jahren lagerten sich abgestorbene Lebewesen wie Plankton und Algen am Meeresboden ab. Der entstandene Faulschlamm wurde von Sand und Ablagerungen aus Flüssen bedeckt. Unter Luftabschluss, Druck und Wärme entstand Erdöl.
(*Skizze:* Arbeitsbuch, S. 134, Abb. 2)
b Erdgas ist auf ähnliche Weise entstanden wie Erdöl und kommt in Lagerstätten häufig gemeinsam mit diesem vor. Es gibt aber auch reine Erdgasvorkommen. Nach der Entstehung im Muttergestein gelangt Erdgas in das Speichergestein, aus dem es aufgrund undurchlässiger Gesteinsschichten nicht weiter aufsteigen kann.
(*Skizze:* Arbeitsbuch, S. 134, Abb. 2)
c Aus dem abgestorbenen Pflanzenmaterial von Sumpfwäldern entstand vor mehr als 300 Millionen Jahren unter Luftabschluss zunächst Torf. Durch weitere Überlagerung kam es unter Druck und Wärme zunächst zur Bildung von Braunkohle, in den immer tiefer angesiedelten Schichten entstand dann Steinkohle.
(*Skizze:* Arbeitsbuch, S. 135, Abb. 3)

3 Sowohl Erdöl als auch Kohle sind vor mehreren hundert Millionen Jahren aus abgestorbenen lebenden Organismen entstanden, die durch die Abwesenheit von Sauerstoff nicht verfaulen konnten. Es bildeten sich Faulschlamm und Torf.
Durch immer neue Schichten an Ablagerungen, die sich auf dem Faulschlamm beziehungsweise dem Torf aufhäuften, entstanden schließlich unter großer Wärme und hohem Druck Erdöl und Kohle.
Erdöl entstand am Meeresgrund, während Kohle ihren Ursprung in den Sumpfwäldern hat.

Erdöl – ein begehrter Stoff

S. 291

1 Individuelle Beantwortung durch die Schülerinnen und Schüler. Beispiele:
Erdöl dient als Energieträger zum Betrieb von Heizungen und Kraftfahrzeugen, außerdem zur Herstellung von Kleidungsstücken, Kunststoffen, Medikamenten, Farben und Lösungsmitteln.

2 Individuelle Beantwortung durch die Schülerinnen und Schüler. Stichpunkte für die Geschichte:
- Treibstoffmangel: Weg zur Schule mit dem Fahrrad oder zu Fuß
- Energieknappheit: manueller Wecker, Solarpanel …
- Kunststoffknappheit: Frühstücksbeutel aus Papier
- Farben und Lösungsmittel fehlen
- …

3 Die größten Erdölreserven liegen im Mittleren Osten (Länder: Iran, Irak, Saudi-Arabien, Vereinigte Arabische Emirate, Libyen usw.)

4 Europa hat den drittgrößten Anteil am weltweiten Erdölverbrauch, gleichzeitig aber die geringsten Reserven. Der Mittlere Osten dagegen hat bei einem eher geringen Verbrauch den größten Anteil an den weltweiten Erdölvorkommen. Durch dieses Missverhältnis könnte der Mittlere Osten seine Vorräte vorenthalten und/oder Preiserhöhungen durchsetzen.

5 Individuelle Beantwortung durch die Schülerinnen und Schüler. Beispiele:
China: 545 Mio. Tonnen; *USA:* 1450 Mio. Tonnen; *Indien:* 275 Mio. Tonnen; *Sonstiges Asien:* 510 Mio. Tonnen; *Lateinamerika:* 405 Mio. Tonnen usw. (Stand: 2012)

Exkurs – Forschen nach neuen Vorkommen

S. 292

1 Die Suche nach neuen Erdölvorkommen erfolgt mit Satelliten und seismischen Verfahren.

2 Durch ein Bohrloch wird ein Gemisch aus Wasser, Quarzsand und Chemikalien in die Erde eingebracht. Unter hohem Druck wird dieses Gemisch durch Rohre, die an mehreren Stellen mit Löchern versehen sind, in das Gestein gepresst. Dadurch werden Risse im Gestein erzeugt. Diese ermöglichen für das eventuell in den Erdschichten eingeschlossene Gas einen Gasfluss an die Erdoberfläche. Der Quarzsand dient der Stabilisierung der Risse.
Bevor Erdgas gefördert wird, wird das sogenannte „Frac-Fluid" zurückgepumpt. Diese Lösung besteht zu 80 bis 90 % aus Wasser und enthält außerdem Chemikalien. Sie wird am Bohrloch in Behältern gesammelt bzw. über Pipelines abtransportiert und entsorgt.

3 Beim Fracking in Völkersen sind erhöhte Benzol- und Quecksilberwerte im Trinkwasser festgestellt worden. Dies hat in der Bevölkerung zu Protesten geführt, so dass viele Berichte emotional geprägt sind.

4 Individuelle Beantwortung durch die Schülerinnen und Schüler. Beispiele:
Pro:
- Förderung von Vorkommen vor Ort möglich
- kürzere Transportwege
- Abhängigkeiten von anderen Ländern werden vermieden
- Nutzung vorhandener Reserven wird möglich

Contra:
- Umweltrisiken sind nicht absehbar, z. B. Verseuchung des Grundwassers durch Frac-Fluid
- Umweltzerstörung durch Förderung in bislang unberührten Naturräumen
- Auswirkungen auf Tier- und Pflanzenwelt und geologische Stabilität in den Fördergebieten

Exkurs – Förderung von Erdöl und Erdgas

S. 293

1 Zunächst wird eine Probebohrung durchgeführt. Ist diese erfolgreich, bringt man ein Rohr in das Bohrloch ein. Bei ausreichend hohem Druck strömt das Erdgas von selbst nach oben. Alternativ wird Druck erzeugt, indem durch ein zweites Rohr Gase oder Wasser nach unten gepresst werden. Erdöl muss in jedem Fall an die Oberfläche gepumpt werden.

2 Oft reicht der Druck in der Lagerstätte aus, um das Erdgas nach oben zu bringen.

3 In den Bundesländern Niedersachsen und Schleswig-Holstein wird in Deutschland Erdöl gefördert (kleinere Erdölfördergebiete liegen beispielsweise im Oberrheintal, im Alpenvorland und an der deutschen Ostseeküste).

Energie nutzbar machen

S. 295

1 Die wichtigsten Primärenergieträger sind Steinkohle, Braunkohle, Erdgas, Erdöl.

2 Sekundärenergie ist die Energie, die durch Umwandlung aus Primärenergie erzeugt wird. Die Umwandlung erfolgt beispielswiese in Kohlekraftwerken, Raffinerien, Windkraftanlagen, Wasserkraftwerken usw.

3 In Kohlekraftwerken wird der Primärenergieträger Kohle in Sekundärenergieträger wie Koks, Briketts oder Strom umgewandelt. Diese Sekundärenergieträger können beispielsweise zum Heizen genutzt werden, dabei werden sie in Nutzenergie umgewandelt. Erdgas wird dagegen direkt in Nutzenergie umgewandelt.

4 Individuelle Beantwortung durch die Schülerinnen und Schüler. Beispiele:
Nutzenergie steht dem Endverbraucher direkt zur Umsetzung seiner Bedürfnisse zur Verfügung. So wird beispielsweise für den Betrieb eines Handys elektrischer Strom benötigt – er wird genutzt, um den Akku des Handys aufzuladen.

Erneuerbare Energie

S. 297

1 Individuelle Beantwortung durch die Schülerinnen und Schüler. Beispiele:
Sonnenenergie, Wind- und Wasserkraft, Erdwärme, Gezeitenenergie und Biomasse

2 Individuelle Beantwortung durch die Schülerinnen und Schüler. Beispiele:
Raps, Sonnenblumen, Gras, Holz

3 Individuelle Beantwortung durch die Schülerinnen und Schüler. Beispiele:
- beim Verlassen des Zimmers die Heizung niedriger stellen, das Licht ausschalten …
- Pullover anziehen, anstatt die Heizung höher zu drehen
- Stoßlüften statt Dauerlüften
- Fahren mit dem Fahrrad oder Bus anstelle des Autos
- …

4 Individuelle Beantwortung durch die Schülerinnen und Schüler. Beispiele:
- Der Anteil an Erdgas zur Energieversorgung ist von 1990 bis 2010 um 7 % gestiegen.
- Der Anteil von Braunkohle zur Deckung des Energiebedarfs ist von 1990 bis 2010 um die Hälfte gesunken.
- Die Bedeutung von Mineralölen (und der Kernenergie) ist in dem genannten Zeitraum in etwa gleich geblieben.
- Erneuerbare Energieträger sind in der Nutzung von 1990 bis 2010 um 9 % angewachsen.
- Der Anteil der Steinkohle ist von 1990 bis 2010 leicht gesunken (um 3 %).

5 Erdöl ist kein nachwachsender Rohstoff, kann also nur verbraucht werden. Da bei der Verbrennung von Erdöl zusätzlich CO_2 freigesetzt wird, sollte der Erdölverbrauch sehr sparsam erfolgen. Im Gegensatz dazu handelt es sich bei Biomasse um einen nachwachsenden Rohstoff, der bei seiner Entstehung CO_2 in Sauerstoff umwandelt – und zwar in einer Menge, die der entspricht, die bei der Verbrennung freigesetzt wird. Aus diesem Grund sichert Biomasse einen nachhaltigeren Energieverbrauch.

6 Es werden ungefähr 0,4 Hektar benötigt.
Rechnung:
Informationen aus dem Text (S. 142): Aus einem Rapsfeld mit der Größe von 1 Hektar können etwa 1500 l Biodiesel gewonnen werden.
Rechenweg: Das Auto verbraucht für 100 km 6 l Biodiesel, für 10 000 km im Jahr entsprechend 100-mal so viel, also 600 l Biodiesel. Da sich aus einem Hektar circa 1500 l Biodiesel gewinnen lassen, benötigt man ungefähr die Hälfte der Fläche (0,4 ha).

Kohlenstoff – Baustein organischer Stoffe

S. 298

1 Organische Stoffe enthalten Kohlenstoff. Verbindungen, die Kohlenstoff enthalten, bezeichnet man als organische Verbindungen.

2 Bei der Verbrennung von Holz wird genau die Menge an Kohlenstoffdioxid freigesetzt, die vorher beim Wachsen der Bäume im Fotosynthese-Prozess umgesetzt und in Sauerstoff umgewandelt wurde.

3 Bei den Entstehungsprozessen fossiler Energieträger vor Hunderten von Millionen Jahren wurde der Erdatmosphäre über sehr lange Zeiträume Kohlenstoffdioxid entzogen. Dieses wird heute bei der Verbrennung von Erdöl, Erdgas und Kohle in sehr kurzer Zeit und in großen Mengen in die Atmosphäre abgegeben. Die Folge ist eine erhöhte Kohlenstoffdioxid-Konzentration.

4 Individuelle Beantwortung durch die Schülerinnen und Schüler. Beispiele:
Kohlenstoffdioxid ist neben anderen Treibhausgasen für den künstlichen Treibhauseffekt verantwortlich.
Mögliche Folgen sind beispielsweise:
- Ansteigen der Temperaturen auf der Erde
- Abschmelzen von Polareis und Gletschern
- Ansteigen des Meeresspiegels
- Zunahme extremer Wetterlagen
- Aussterben einiger Tier- und Pflanzenarten
- Verschiebung von Klima- und Vegetationszonen und damit auch Lebensräumen

Methan

S. 301

1 Individuelle Beantwortung durch die Schülerinnen und Schüler. Stichpunkte für die Inhalte:
- organische Verbindung
- brennbares Gas
- erster Vertreter der homologen Reihe der Alkane
- Vorkommen in Erdgas und Biogas
- Entstehung in Kuhmägen
- Wirkung als Treibhausgas (hier auch Methanhydrat)

2 Methan ist ein Molekül, das aus einem Kohlenstoff-Atom und vier Wasserstoff-Atomen aufgebaut ist.

3 $CH_4 + 2\,O_2 \longrightarrow CO_2 + 2\,H_2O$

4 Pflanzliche und tierische Abfälle werden unter Luftabschluss bei 40 °C mit Bakterien zersetzt. Dabei entsteht Biogas. Dieses besteht zu 50 bis 70 % aus Methan, zu 20 bis 30 % aus Kohlenstoffdioxid und zu geringen Anteilen aus anderen Gasen und Wasser. Durch Reinigung lässt sich der Methananteil erhöhen.

5 Individuelle Beantwortung durch die Schülerinnen und Schüler. Beispiel:
Rechnung:
Gegeben: Ein Hektar Mais liefert circa 22 000 kWh/ha elektrische Leistung.
Annahme: Der Stromverbrauch einer vierköpfigen Familie beträgt 5500 kWh pro Jahr.
Unter diesen Voraussetzungen benötigt man ungefähr einen Viertel Hektar Mais, um den Strombedarf einer Familie für ein Jahr zu decken.

6 a Biogas kann in Blockheizkraftwerken zum Erzeugen von Wärme und elektrischer Energie genutzt werden. Außerdem kann es als Erdgasersatz als Kraftstoff für Fahrzeuge verwendet werden.
b Individuelle Beantwortung durch die Schülerinnen und Schüler.

7 Individuelle Beantwortung durch die Schülerinnen und Schüler. Beispiele:
Durch den Rückgang der Kohleförderung, Maßnahmen in der Abfallwirtschaft und Verkleinerungen der Tierbestände in den neuen Bundesländern konnten die Methanemissionen bereits gesenkt werden. Da die Landwirtschaft noch immer der Hauptverursacher der Methanemissionen ist, sind hier weitere Maßnahmen nötig. Dazu können weitere Verringerungen der Tierbestände und eine verbesserte Reinigung der Emissionen zählen.

Die Reihe der Alkane

S. 303

1 a

Ethan:

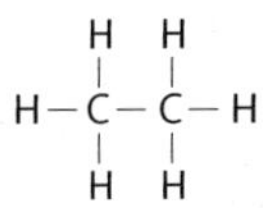

Heptan:

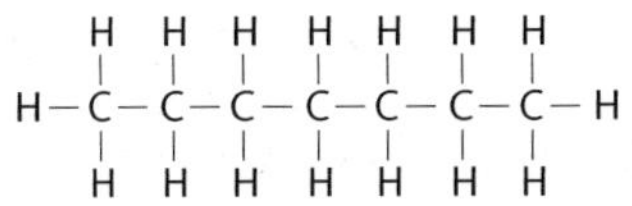

Heptadecan:

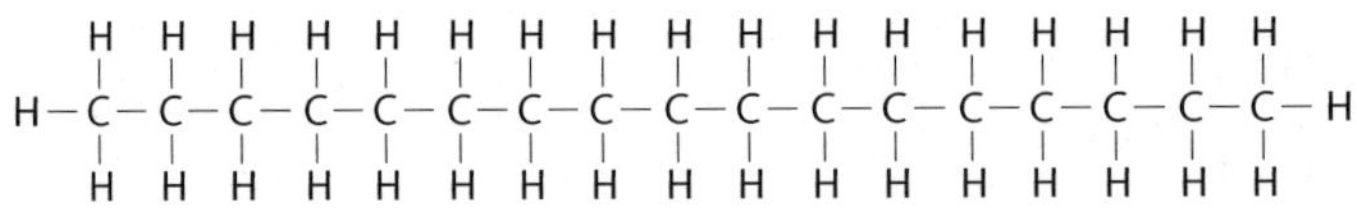

b *Ethan:* Ausgangsstoff für Ethen und Essigsäure; *Heptan:* Lösungsmittel für Lacke und Klebstoffe; *Heptadecan:* Paraffin, Kerzen, Wachse

2 Die Aggregatzustände der Alkane hängen von den Van-der-Waals-Kräften, den Anziehungskräften zwischen den Molekülen untereinander, ab. Mit zunehmender Kettenlänge nehmen auch die Anziehungskräfte zu und der Aggregatzustand wechselt von gasförmig über flüssig zu fest.

3 Van-der-Waals-Kräfte sind die Anziehungskräfte der Moleküle untereinander. Sie sind sehr viel schwächer als die Anziehungskräfte zwischen Ionen und schwächer als die Kräfte, die bei Elektronenpaarbindungen herrschen.

4 Die Wirkung der Van-der-Waals-Kraft nimmt von Propan nach Decan zu, da auch die Kettenlänge zunimmt. Aus diesem Grund ist Propan gasförmig, während Decan als Flüssigkeit vorliegt. Auch die steigende Siedetemperatur verdeutlicht diesen Trend.

S. 304

1 $2\,C_6H_{14} + 19\,O_2 \longrightarrow 12\,CO_2 + 14\,H_2O$

2 Da Hexan eine geringere Dichte als Wasser hat, befindet es sich oberhalb der Wasserphase.

Funktionsweise einer Erdölraffinerie

S. 307

1 Eine Fraktion ist ein Gemisch aus Stoffen mit nahe beieinander liegenden Siedetemperaturen.

2

Erdölfraktion	Siedebereich	Eigenschaften	Verwendung
Raffineriegas	bis 30 °C	gasförmig, brennbar	Heizgas, Flüssiggas
Benzine	30 bis 150 °C	dünnflüssig, leicht entzündlich	Treibstoffe für Kraftfahrzeuge
Petroleum, Kerosin	150 bis 250 °C	zähflüssig, wenig flüchtig, schwerer entzündlich	Lampenbrennstoff, Flugzeugtreibstoff
Schweröl und leichtes Heizöl	250 bis 350 °C	zähflüssig, schwer entflammbar	Heizöl für Ölbrenner, Dieselkraftstoff
Bodenrückstand	Vakuumdestillation	zähflüssig	Schmieröle für Motoren und Getriebe, Heizöle in Kraftwerken und Schiffsmotoren, Teer für den Straßenbau

3 Man erhitzt das Erdöl in einem Raffinerieturm, in dem die Temperaturen von unten nach oben abnehmen. Dabei kondensieren jeweils mehrere Rohölbestandteile gleichzeitig in den Zwischenböden, die den Destillationsturm in verschiedene Stockwerke unterteilen. Die Fraktionen können den Zwischenböden gesondert entnommen werden.

4 Die Länge der Kohlenwasserstoffketten der einzelnen Fraktionen bestimmt den Aggregatzustand, die Höhe der Siedetemperatur und die Viskosität. Mit zunehmender Kettenlänge wechselt der Aggregatzustand von gasförmig über flüssig zu fest, gleichzeitig erhöhen sich die Siedetemperaturen und die Viskosität. Deshalb finden sich in den Fraktionen stets Moleküle mit ähnlichen Kohlenwasserstoffketten.

5 Die Fackel soll durch das Abbrennen eines Teiles des Raffineriegases das Entstehen von Überdruck in der Anlage verhindern.

Isomere

S. 308

1 Isomere sind Verbindungen mit gleicher Summenformel, aber unterschiedlicher Strukturformel. Sie besitzen unterschiedliche Stoffeigenschaften.

2 Es gibt insgesamt fünf Isomere des Hexans:

n-Hexan:

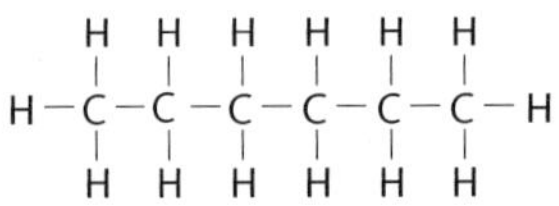

2-Methylpentan:
(Isohexan)

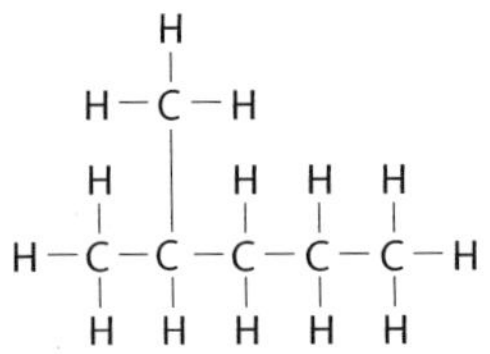

3-Methylpentan:

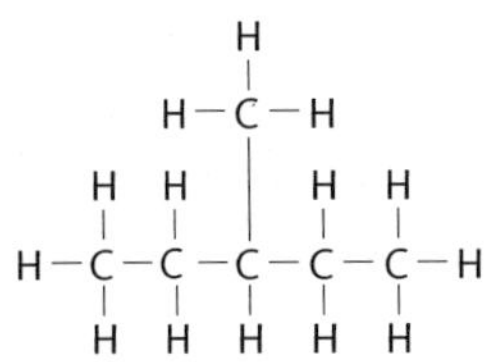

2,3-Dimethylbutan:

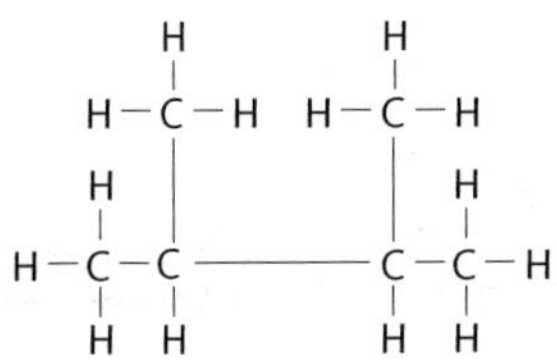

2,2-Dimethylbutan:

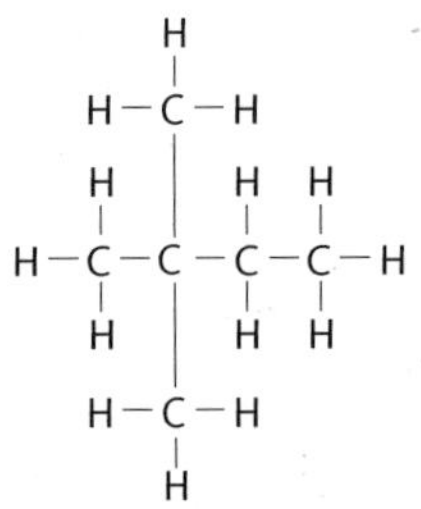

3 Die Siedetemperaturen nehmen von Pentan über 2-Methylbutan (Isopentan) zu 2,2-Dimethylpropan (Neopentan) ab. Dies liegt daran, dass die Kohlenstoffketten in dieser Reihe zunehmend verzweigen, wodurch die Anziehungskräfte zwischen den Kohlenstoffketten, die Van-der-Waals-Kräfte, schwächer werden.

Reinigung der Autoabgase

S. 310

1 Kohlenstoffmonooxid (CO), Kohlenstoffdioxid (CO_2), Stickstoffmonooxid (NO), Stickstoffdioxid (NO_2), Stickstoffoxide (NO_x), unverbrannte Kohlenwasserstoffe (C_nH_m)

2 Ein Abgaskatalysator besteht aus einem Metallgehäuse, in dem sich ein wabenförmiger Keramikkörper befindet. Der Keramikkörper enthält viele feine Kanälchen, deren Wände mit den Edelmetallen Platin, Rhodium und Palladium beschichtet sind. Durch die vielen kleinen Kanälchen erhält man eine größere katalytisch aktive Oberfläche.

3 Die Aussage ist nicht korrekt. Würde der Abgaskatalysator die Abgase filtrieren, würden sich diese in einem Filter ansammeln. Stattdessen finden im Innern des Katalysators chemische Reaktionen statt, bei denen die Abgase an der katalytisch aktiven Oberfläche reduziert bzw. oxidiert werden. Die entstandenen unschädlichen oder weniger schädlichen Abgase verlassen anschließend den Katalysator.

4 Stickstoffmonooxid + Kohlenstoffmonooxid ⟶ Stickstoff + Kohlenstoffdioxid

$2\,NO + 2\,CO \longrightarrow N_2 + 2\,CO_2$

5 Ein Rußpartikelfilter reinigt die Abgase von Dieselfahrzeugen, indem er die bei der Verbrennung entstehen Rußpartikel in einem Filter auffängt. Ist der Filter voll, wird der Ruß durch eine kurzfristige Erhöhung der Temperatur zu Kohlenstoffdioxid verbrannt und der Filter kann neue Rußpartikel filtern.

Kohlenstoffdioxid schafft Probleme

S. 311

1 a $C_5H_{12} + 8\,O_2 \longrightarrow 5\,CO_2 + 6\,H_2O$

b Bei der vollständigen Verbrennung von Pentan entsteht CO_2, das als Treibhaus wirkt und dadurch das Klima beeinflusst.

2 a Die Kurve steigt kontinuierlich an, dabei sind jahreszeitenabhängige Schwankungen zu erkennen.

b Individuelle Beantwortung durch die Schülerinnen und Schüler. Beispiel:
Die Kurve zeigt, dass der Meeresspiegel seit 1870 um circa 25 cm angestiegen ist. Ein weiterer Anstieg des Meeresspiegels könnte unter anderem Überschwemmungen, das Abtragen von Steilküsten und Stränden und eine Erhöhung des Grundwasserspiegels zur Folge haben.

c Individuelle Beantwortung durch die Schülerinnen und Schüler.

3 a Für ein Treffen mit Freunden in einer Entfernung von 2 km sind Fahrrad und Bus eine gute Wahl.
b Für einen Urlaub in Amsterdam empfiehlt sich die Anreise mit der Bahn oder dem eigenen Auto.
c Für den Schüleraustausch in die USA kommt nur das Flugzeug in Frage.

Mehr Benzin durch Cracken

S. 312

1 Der Bedarf an Benzin ist höher als der Anteil, der bei der fraktionierten Destillation gewonnen wird. Andere Produkte wie beispielsweise Petroleum oder Kerosin entstehen dagegen über den Bedarf hinaus.

2 Durch starkes Erhitzen zähflüssiger Erdölfraktionen und das Versetzen mit einem erhitzten Katalysator werden die längerkettigen Kohlenwasserstoffmoleküle zerbrochen, man sagt auch: gecrackt. Es entstehen kürzerkettige Kohlenwasserstoffketten, die einen niedrigeren Siedepunkt haben, beispielsweise Benzin.

3 Beim Cracken werden die Kohlenwasserstoffmoleküle auf molekularer Ebene verändert. Neue Stoffe entstehen. Wenn aus einem Stoff durch chemische Veränderung neue Stoffe entstehen, hat eine chemische Reaktion stattgefunden. Bei der fraktionierten Destillation werden lediglich Bestandteile unverändert aus einem Gemisch getrennt.

Exkurs – Halogenalkane – eine besondere Stoffgruppe

S. 313

1 $C_7H_{16} + Cl_2 \rightarrow C_7H_{15}Cl + HCl$

2 Halogenalkane zerstören die vor UV-Strahlung schützende Ozonschicht. Folgen können Sonnenbrände, schwere Haut- und Augenschäden sowie Schädigungen von Pflanzen sein.

Alkene – ungesättigte Kohlenwasserstoffe

S. 315

1 Da Methan lediglich ein Kohlenstoff-Atom besitzt, kann die für Alkene charakteristische Doppelbindung nicht ausgebildet werden. Aus diesem Grund beginnt die homologe Reihe der Alkene mit Ethen.

2 Die C-C-Doppelbindung kann mithilfe einer Additionsreaktion nachgewiesen werden. Wird braun gefärbtes Bromwasser zu einem Alken gegeben, entfärbt sich die Lösung sofort, da das Brom unter Aufbrechen der Doppelbindung an das Alken addiert.

3

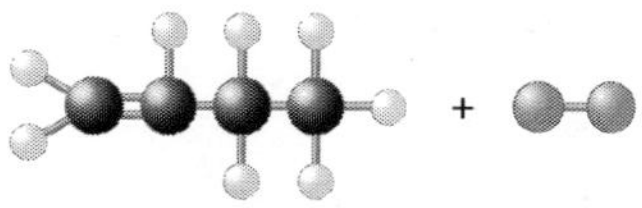

Buten + Chlor

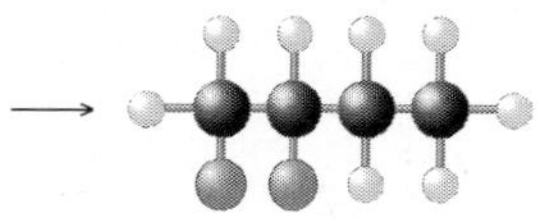

1,2-Dichlorbutan

Alkine

S. 316

1 Alle Alkine verfügen über eine Kohlenstoff-Dreifachbindung.

2

Propin: (keine Isomere)

Pentin: (zwei Isomere)

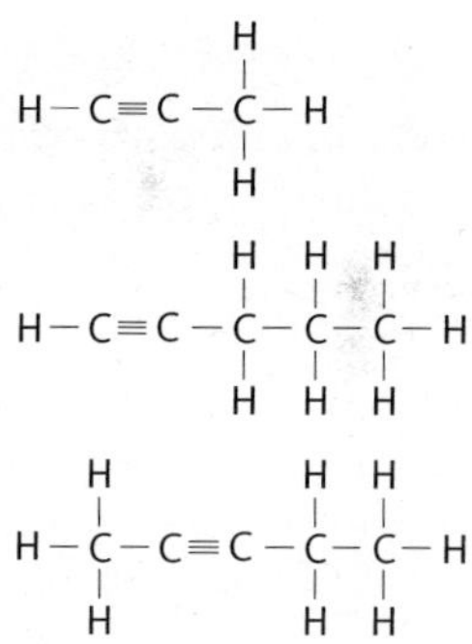

Pent-1-in

Pent-2-in

Von Propin gibt es keine Isomere, von Pentin gibt es zwei Isomere (Pent-1-in und Pent-2-in).

3 Ethin wird zum Schneiden und Schweißen von Stahl verwendet. Es ist ein wichtiger Grundstoff bei der Kunststoffherstellung. Früher wurden Carbidlampen zur Beleuchtung in Bergwerken, aber auch als Fahrzeugleuchten an Autos und Fahrrädern eingesetzt.

4 Auf dem Boden der Lampe befindet sich ein Vorrat an Calciumcarbid, auf das aus dem oberen Behälter Wasser zugetropft werden kann. Beim Zusammentreffen von Calciumcarbid und Wasser entsteht Ethin, das seitlich aus dem Lampeninneren entweicht und entzündet werden kann. Als weiteres Reaktionsprodukt entsteht Calciumhydroxid, welches im Behälter verbleibt.

Exkurs – Benzol – aromatische Kohlenwasserstoffe

S. 317

1 Individuelle Beantwortung durch die Schülerinnen und Schüler. Beispiel:

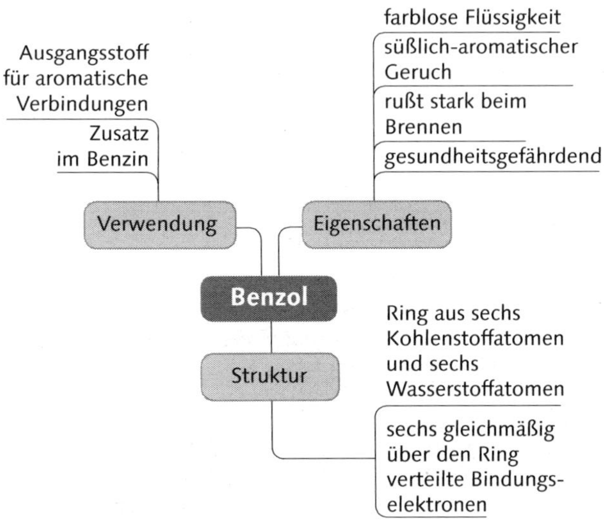

2 Aromatische Kohlenwasserstoffe enthalten in ihrem Molekülaufbau mindestens einen Benzolring. Die Bezeichnung „aromatisch" ist auf ihren meist süßlich-aromatischen Geruch zurückzuführen.

3 Ethylvanillin wird als künstlicher Aromastoff in Süß- und Backwaren, Getränken und Speiseeis verwendet. Es ersetzt das teure Vanillin aus echter Vanille. Da Ethylvanillin als gesundheitsschädlicher Gefahrstoff eingestuft ist, sollte man nicht zu viel davon zu sich nehmen.

Von den Alkoholen zu den Carbonsäuren

Von der Traube zu Wein und Branntwein

S. 323

1 Ethanol und Kohlenstoffdioxid

2 Der Kellermeister nimmt die Kerze nicht als Lichtquelle, sondern aus Sicherheitsgründen mit. Wenn die Kerze ausgeht, ist so viel Kohlenstoffdioxid im Raum, dass für den Winzer Erstickungsgefahr besteht.

3 a Destillation
b Die Trennung erfolgt aufgrund der unterschiedlichen Siedetemperaturen von Ethanol (78 °C) und Wasser (100 °C). Das Stoffgemisch wird auf 85 °C bis 90 °C erhitzt, sodass Ethanol verdampft, Wasser aber noch nicht.

4 In dem Branntwein sind 190 ml Ethanol enthalten.
Rechenweg:

$$\frac{500\text{ ml} \cdot 38\text{ Vol.-\%}}{100\text{ Vol.-\%}} = 190\text{ ml}$$

5 Individuelle Beantwortung durch die Schülerinnen und Schüler. Beispiel:
Eine Möglichkeit, Roséwein herzustellen, besteht darin, bei der Gärung die Schalen der blauen Trauben so lange in der Maische zu lassen, bis der Wein eine Roséfarbe hat. Alternativ können die blauen Trauben auch zerkleinert gekeltert werden. Ein Mischen von Rotwein und Weißwein ist nur zur Schaumweinherstellung zulässig.

Exkurs – Bierherstellung

S. 324

1 Gerste, Hopfen, Wasser und Hefe

2 *Mälzen:* Getreide wird durch Wasserzugabe zum Keimen gebracht. Dabei entsteht Malz. Außerdem werden Enzyme aktiviert, die unter anderem beim Maischen benötigt werden.
Maischen: Geschrotetes Malz wird mit Wasser auf 75 °C erhitzt, dabei lösen sich Inhaltsstoffe des Malzes in Wasser und Getreidestärke wird durch Enzyme in Malzzucker umgewandelt

3 a Bei untergärigen Bieren setzt sich die Hefe nach dem Gärprozess am Boden des Gärtanks ab, bei obergärigen Bieren sammelt sie sich an der Oberfläche und kann abgeschöpft werden.
b *Untergärige Biere:* Pils, Helles Export; *obergärige Biere:* Altbier, Kölsch, Berliner Weiße, Weizenbier

Exkurs – Mit starkem Willen – ohne Promille

S. 325

1 Individuelle Beantwortung durch die Schülerinnen und Schüler. Beispiele:
Gehirn, Leber, Magen, Darm, Bauspeicheldrüse
2 a In einer 1-Liter-Flasche des Weines sind 102,7 g enthalten.
Rechenweg:
13,0 Volumen-Prozent (Vol.-%) = 130 cm^3
Die Multiplikation mit der Dichte ergibt die Masse:
130 cm^3 * 0,79 g/cm^3 = 102,7 g
b Es droht der Führerscheinentzug, da sie mit 0,57 Promille den zulässigen Grenzwert von 0,5 Promille überschritten hat.
Rechenweg:
In einem Glas des Weines ist ein Fünftel der Menge an Alkohol enthalten: 20,54 g

$$\frac{20{,}54\ \text{g}}{60\ \text{kg} \cdot 0{,}6} = 0{,}57\ \frac{\text{g}}{\text{kg}} = 0{,}57\ ‰$$

Ethanol

S. 329

1 Ethanol besteht aus den Elementen Kohlenstoff, Wasserstoff, Sauerstoff

2 C_2H_5OH

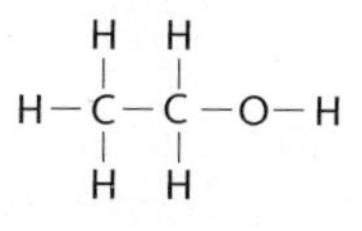

3 Für die gute Wasserlöslichkeit ist die polare, hydrophile (wasserliebende) OH-Gruppe verantwortlich.

4 Die Siedetemperatur von Ethanol liegt mit 78 °C weit über der von Ethan mit – 89 °C. Dies liegt daran, dass es beim Ethanol durch die Wasserstoffbrückenbindungen zwischen den OH-Gruppen größere zwischenmolekulare Anziehungskräfte gibt.

5 Zwischen den polaren OH-Gruppen des Ethanols und dem geladenen Kunststoffstab treten elektrostatische Kräfte auf.

Exkurs – Bioethanol – Kraftstoff mit Zukunft?

S. 330

1 a Bioethanol wird aus Pflanzen, z. B. aus Zuckerrohr oder Getreide gewonnen.
b Bioethanol wird zur Energiegewinnung, z. B. als Kraftstoff für Autos, genutzt.
c Der Begriff „umweltfreundlich" ist fragwürdig, da beim Anbau der Energiepflanzen und bei der Verarbeitung des Zuckers zu Ethanol Energie aufgewendet werden muss und umweltbelastendes Kohlenstoffdioxid produziert wird.

Stofffamilie der Alkohole

S. 333

1 Individuelle Beantwortung durch die Schülerinnen und Schüler. Beispiel:

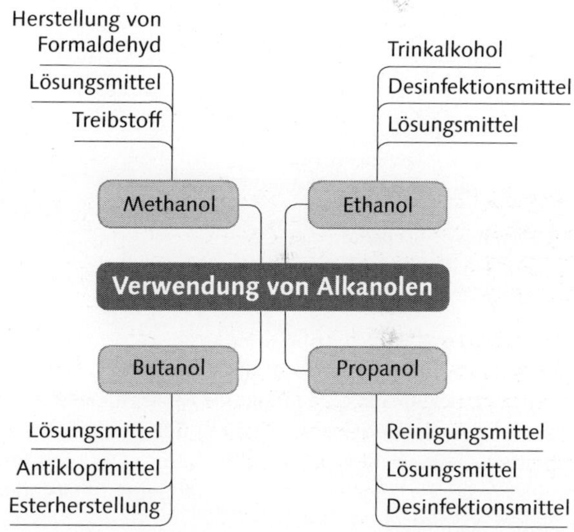

2 Die Hydroxyl-Gruppe bewirkt die Wasserlöslichkeit sowie die relativ hohen Schmelz- und Siedetemperaturen, da zwischen den Hydroxyl-Gruppen Wasserstoffbrückenbindungen ausgebildet werden können.

3 $C_nH_{2n+1}OH$

4 Bei einem Alkanol-Molekül ist die unpolare Kohlenwasserstoffkette lipophil, die polare Hydroxyl-Gruppe hydrophil.

5 Spiritus hat einen Alkoholgehalt von 96 % und ist mit dem Zusatzstoff Pyridin vergällt. Durch das Vorhandensein eines polaren und eines unpolaren Molekülanteils ist er zum einen gut mit Wasser mischbar und zum anderen geeignet, um organischen Verunreinigungen zu lösen.

6 Eis ist aufgrund des Luftdrucks, der auf ihm lastet, immer mit einer feinen Schicht von flüssigem Wasser überzogen. Gibt man Alkohol darauf, verdünnt er sich in exothermer Reaktion. Das unterstützt den Schmelzvorgang des Eises.

7 Die Wasserlöslichkeit nimmt mit länger werdendem Kohlenwasserstoffrest ab, da der Einfluss der hydrophilen OH-Gruppe immer geringer wird – dafür steigt die Löslichkeit in organischen Lösungsmitteln.

8

1-Butanol 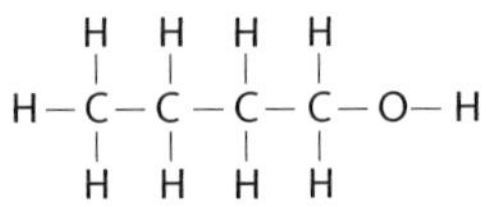

2-Butanol 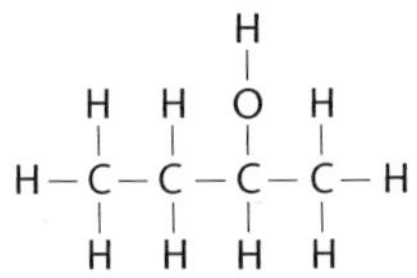

2-Methyl-1-propanol 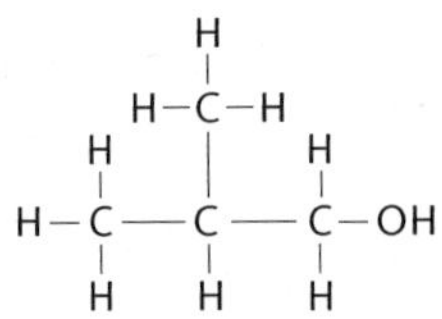

2-Methyl-2-propanol 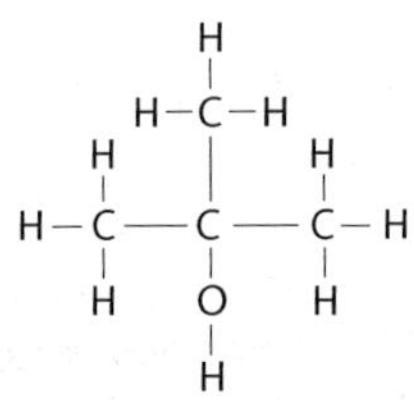

9 Die Viskosität ist abhängig von der Länge der Kohlenwasserstoffkette der Alkanole. Je länger die Kette ist, desto stärker sind die Anziehungskräfte zwischen den Kohlenwasserstoffketten. Da die Kohlenwasserstoffkette des Decanols um acht CH_2-Gruppen länger ist als die des Ethanols, ist Decanol wesentlich zähflüssiger als Ethanol.

Mehrwertige Alkohole

S. 334

1 Unter mehrwertigen Alkoholen versteht man Alkohole mit mindestens zwei OH-Gruppen

2 Individuelle Beantwortung durch die Schülerinnen und Schüler. Beispiel:

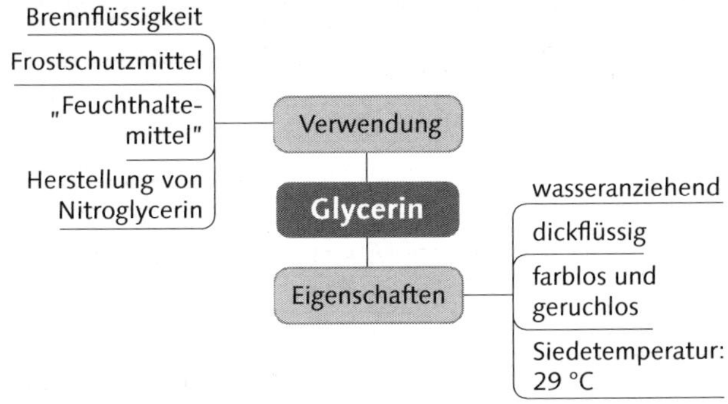

3 In Pflanzen sorgt Glycerin als „Frostschutzmittel" für die Beständigkeit gegen Frost, bei Cremes dient es zum Feuchthalten der Creme und der Haut.

4

Sorbit: 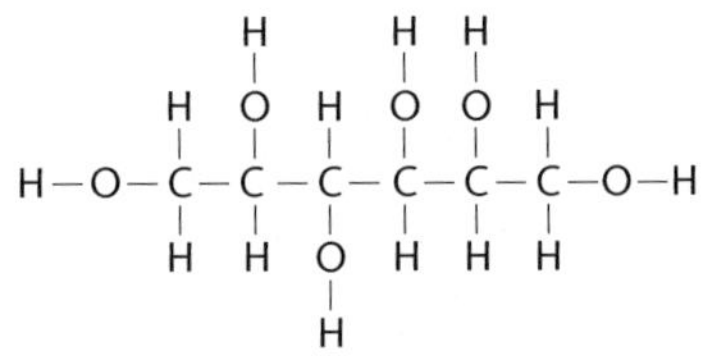

Exkurs – Vom Alkanol zum Alkanal

S. 335

1 a Die funktionelle Gruppe ist die Aldehyd-Gruppe

b

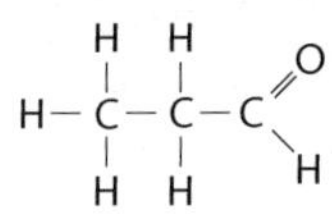

2 Methanal wird zur Herstellung von Kunstharzen und Leimen, zur Konservierung biologischer Präparate und als Konservierungsmittel in kosmetischen Produkten wie Duschgel oder Schaumbad eingesetzt.

3 Beim Abbau von Ethanol in der Leber entsteht Ethanal, welches zu Kopfschmerzen und Leberschädigungen führen kann. Im Zigarettenrauch enthaltenes Ethanal kann Lungenkrebs verursachen.

Exkurs – Geschichte des Essigs

S. 336

1 Die Menschen stellten wahrscheinlich zufällig fest, dass alkoholische Getränke sauer werden, wenn sie längere Zeit offen stehen.

2 Im Altertum wurde Essig unter anderem im Gemisch mit Wasser als Getränk genossen, es diente außerdem zur Verdauungsförderung und wurde als Würzmittel, Konservierungsmittel und Desinfektionsmittel genutzt.

3 Bei der Bekämpfung der Pest wurde ein mit Essig getränkter Schwamm zum Schutz eingesetzt. Dies war jedoch eine unwirksame Maßnahme.

4 Louis Pasteur hat herausgefunden, dass Bakterien für die Umwandlung von Ethanol in Essig verantwortlich sind.

Exkurs – Vom Alkohol zum Essig

S. 337

1 Es werden Ethanol und Essigsäurebakterien benötigt.

2 Essig und Essigessenz entscheiden sich durch ihren Essigsäuregehalt (Essig: 5–6 %, Essigessenz: 15,5–25 %).

3 Man muss ihn luftdicht verschließen, damit keine Essigsäurebakterien in den Wein gelangen können.

4 *Spanbildner-Verfahren:* Maische rieselt über Buchenspäne, auf denen Essigsäurebakterien angesiedelt sind. Durch die große Verteilung der Bakterien kann Sauerstoff optimal aufgenommen werden. Das Verfahren dauert ungefähr eine Woche.
Submers-Verfahren: Die Bakterien befinden sich direkt in der Maische und werden durch Belüfter permanent mit Sauerstoff versorgt. Das Verfahren dauert ungefähr einen Tag.

Essigsäure, die wichtigste organische Säure

S. 339

1 a Ethansäure
b
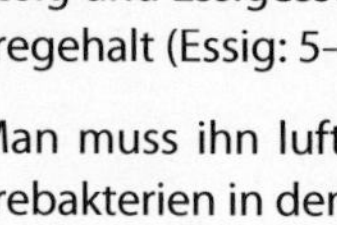

c Individuelle Beantwortung durch die Schülerinnen und Schüler. Beispiele:
Essigsäure findet sich im Speiseessig, sie wird zur Herstellung von Kunststoffen, Farben, Dichtungsmitteln, kosmetischen Produkten und Medikamenten wie beispielsweise Aspirin verwendet.

2 Individuelle Beantwortung durch die Schülerinnen und Schüler. Beispiel:
Name des Stoffes: Ethansäure (Essigsäure)
Summenformel: $C_2H_4O_2$
Schmelztemperatur: 17 °C
Siedetemperatur: 118 °C
Funktionelle Gruppe: Carboxyl-Gruppe
Eigenschaften: farblos, stechend scharfer Geruch, wasserlöslich, sauer, ätzend
Verwendung: Bestandteil von Speiseessig, Grundstoff zur Herstellung von beispielsweise Kunststoffen und kosmetischen Produkten.

3 Als Eisessig wird reine Essigsäure bezeichnet – der Name ist darauf zurückzuführen, dass sie unter 17 °C eisartige Kristalle bildet.

4 a Natrium wird unter Gasentwicklung zersetzt.
b $2\ CH_3COOH + 2\ Na \longrightarrow 2\ CH_3COONa + H_2$
c Natriumacetat

Stofffamilie der Carbonsäuren

S. 341

1 Methansäure (Ameisensäure), Ethansäure (Essigsäure), Propansäure (Propionsäure), Butansäure (Buttersäure), Pentansäure (Valeriansäure), Hexansäure (Capronsäure)

2 Ameisensäure findet sich in der Natur nur in lebenden Organismen – beispielsweise im Gift von Ameisen und in den Brennhaaren der Brennnessel. Sie wird unter anderem als Mittel gegen Rheuma und als Konservierungsstoff für Lebensmittel eingesetzt. Darüber hinaus dient sie als Desinfektionsmittel und wird in WC-Reinigern eingesetzt.

3
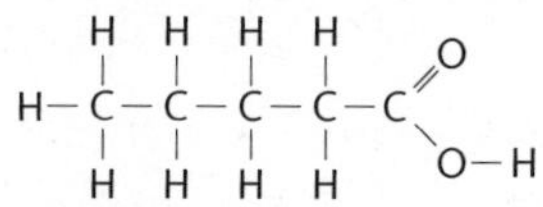

4 Die Säurestärke nimmt von der Essigsäure über die Buttersäure bis zur Palmitinsäure ab, da mit zunehmender Länge des Kohlenwasserstoffrests der Einfluss der Carboxyl-Gruppe abnimmt.

5 a Propionsäure (Propansäure)
b Propionsäure wird als Konservierungsstoff eingesetzt. Sie schränkt das Wachstum von Bakterien, Schimmel- und Hefepilzen ein.

c Propionsäure wird industriell produzierten Backwaren wie Aufbackbrot beigefügt.

Exkurs – Konservierung von Lebensmitteln

S. 342

1 Erdbeeren können eingefroren oder eingeweckt werden, um sie vorm Verderb zu schützen.

2 An den mit Citronensäure beträufelten Stellen werden die Apfelstücke nicht braun, da die Citronensäure den Verwesungsvorgang hemmt.

3 a Individuelle Beantwortung durch die Schülerinnen und Schüler. Beispiele:
Fleisch- und Wurstwaren, Obst- und Gemüsekonserven, Fruchtsäfte, Marmelade, Brot und Backmischungen
b Vitamin C

4 Beim „Schwefeln" werden Lebensmittel durch Zugabe von Schwefeldioxid vor dem Verderb durch Oxidation geschützt.

Produkte der Chemie

Ester – Multitalente im vielseitigen Einsatz

S. 350

1 Individuelle Beantwortung durch die Schülerinnen und Schüler. Beispiele:
Aromastoffe, Cremes, Biodiesel, Sprengstoff (Nitroglycerin), Lösungsmittel

2 a *Kondensationsreaktion:* Verbindung von Molekülen unter Abspaltung von Wasser
b Hydrolyse: Spaltung einer chemischen Verbindung unter Verbrauch von Wasser

3 Individuelle Beantwortung durch die Schülerinnen und Schüler. Beispiel:
Buttersäure wird mit Methanol zusammengegeben und etwas Schwefelsäure als Katalysator zugegeben. Man erhält Buttersäuremethylester und damit Apfelaroma.

4 Die Schwefelsäure wirkt als Katalysator und erhöht die Geschwindigkeit, mit der sich das chemische Gleichgewicht einstellt.

5

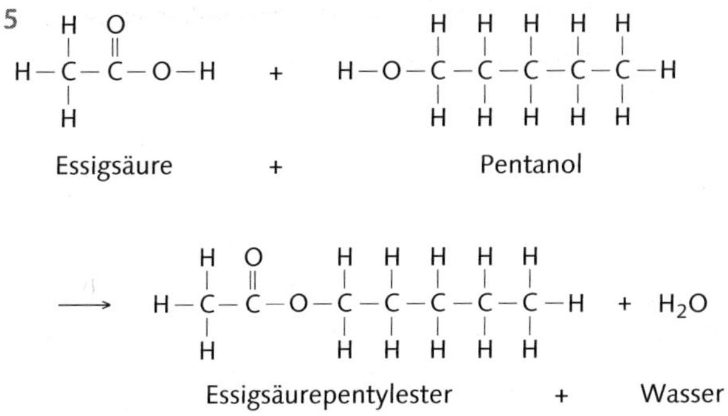

Fette – verführerische Ester

S. 353

1 Fette liefern lebensnotwendige Energie. Eingelagerte Fette dienen als Wärmeschutz und schützen die Organe vor Erschütterungen. Sie ermöglichen die Aufnahme und Verarbeitung der fettlöslichen Vitamine A, D, E und K.

2 Fette sind wasserabweisend und lösen sich nicht in polaren Lösungsmitteln, dafür aber umso besser in unpolaren Lösungsmitteln wie Benzin. Fette haben eine geringere Dichte als Wasser.

3 Fette sind Ester aus Glycerin und Fettsäuren.

4

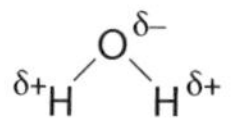

Wasser

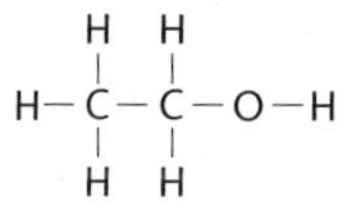

Ethanol

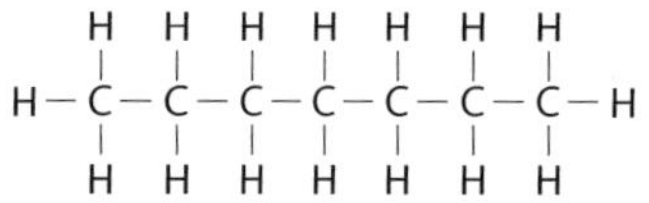

Heptan

Fette lösen sich nur in unpolaren Lösungsmitteln und deswegen überhaupt nicht im polaren Wasser. Beim Ethanol gleichen sich der polare Einfluss der OH-Gruppe und der unpolare Einfluss der Kohlenwasserstoffkette nahezu aus. Heptan dagegen ist ein rein unpolares Lösungsmittel und damit am besten zum Lösen von Fett geeignet.

Exkurs – Gewinnung von Fetten und Ölen

S. 354

1 Nach der Ernte werden die Oliven gründlich gewaschen. Anschließend werden sie inklusive der Kerne in einem Mahlwerk zerkleinert. Dabei wird Olivenbrei erhalten, aus dem durch Pressen auf Fasermatten Öl und Fruchtwasser gewonnen werden. In einer Zentrifuge wird das Öl vom Fruchtwasser getrennt.

2 Individuelle Beantwortung durch die Schülerinnen und Schüler. Beispiel:
Auf der Suche nach einem haltbaren Streichfett für seine Truppen setzte Napoleon III. im 19. Jahrhundert eine Belohnung aus, die schließlich der Chemiker Hippolyte Mège-Mouriès für die Entwicklung der Margarine erhielt. Im Jahr 1871 begann die industrielle Produktion der Margarine.

3 Bei der Fetthärtung werden Wasserstoffatome an die Doppelbindungen ungesättigter Fettsäure-Moleküle angelagert. Dadurch entstehen gesättigte Fettsäuren. Das flüssige Fett wird fest.

Kohlenhydrate

S. 358

1 *Einfachzucker:* Traubenzucker (Glucose), Fruchtzucker (Fructose); *Zweifachzucker:* Rohr- oder Rübenzucker (Saccharose); *Vielfachzucker:* Stärke, Cellulose

2 Karies, Übergewicht

3 Haushaltszucker, Stärke und Cellulose gehören zu den Kohlenhydraten. Sie bestehen aus den Elementen Kohlenstoff, Wasserstoff und Sauerstoff.

4

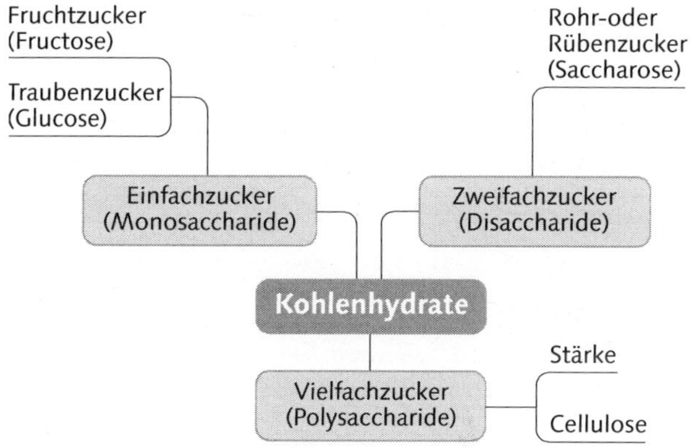

5 a Getreide und Kartoffeln
b Stärke lässt sich mithilfe einer Iod-Kaliumiodid-Lösung nachweisen. Bei der Einlagerung der Polyiodid-Ionen in das Stärke-Molekül tritt eine charakteristische Blaufärbung auf.

6 Bei der Fotosynthese wird in den Blättern der Pflanzen aus Kohlenstoffdioxid und Wasser unter Einwirkung von Chlorophyll und Licht Glucose erzeugt, die als Stärke oder Cellulose in den Pflanzen gespeichert wird. Zusätzlich entsteht Sauerstoff.

Eiweiße

S. 361

1 Individuelle Beantwortung durch die Schülerinnen und Schüler. Beispiele:
Erbsen, Getreide, Eier, Fisch und Fleisch, Käse

2 Eiweiße sind wichtig für den Zellaufbau des Körpers. Sie dienen als Hormonbausteine und zur Übertragung von Nervenimpulsen. Auch beim Sauerstofftransport spielen sie eine wichtige Rolle.

3 Individuelle Beantwortung durch die Schülerinnen und Schüler. Beispiel:
Bei einem Körpergewicht von 60 kg werden 200 g Putenfleisch benötigt, um den Tagesbedarf an Eiweiß zu decken.
Rechnung:
Hinweise aus dem Text: 150 g Putenfleisch liefern 36 g Eiweiß; die empfohlene tägliche Eiweißaufnahme beträgt laut der Deutschen Gesellschaft für Ernährung 0,8 g Eiweiß pro kg Körpergewicht (S. 206).

Setzt man ein Körpergewicht von 60 kg voraus, ergibt sich damit eine empfohlene tägliche Eiweißaufnahme 48 g. Um diese Menge aufzunehmen, müssen 200 g Putenfleisch verzehrt werden.

4

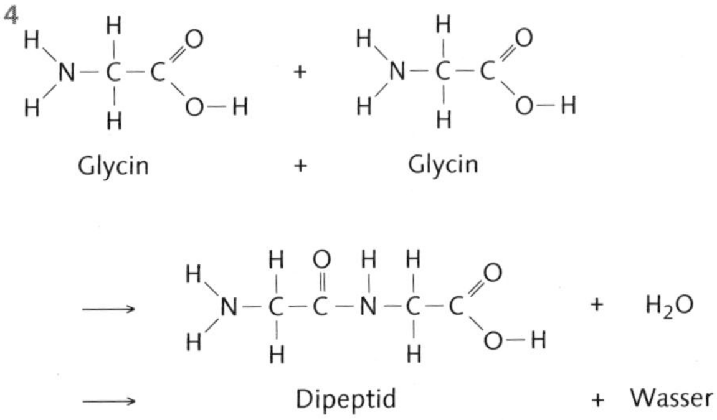

Zusatzstoffe in Lebensmitteln

S. 363

1 Zusatzstoffe können eingesetzt werden, um die Haltbarkeit von Lebensmitteln zu verlängern und um den Geschmack und die Farbe von Lebensmitteln zu beeinflussen.

2 Die E-Nummern kennzeichnen die Zusatzstoffe in Lebensmitteln.

3 Individuelle Beantwortung durch die Schülerinnen und Schüler. Beispiel:
Verdickungsmittel (auch Binde- oder Dickungsmittel): Veränderung der Konsistenz eines Lebensmittels durch Gelbildung oder Verdickung (unter Wasserbindung). Beispiele: Agar-Agar (E 406), Cellulose (E 460)
Emulgatoren: Erlauben das Herstellen einer beständigen Emulsion aus zwei eigentlich nicht miteinander mischbaren Stoffen. Beispiele: Lecithin (E 322), Phosphorsäure (E 388)

Geschichte und Herstellung der Seife

S. 365

1 *Ausgangsstoffe*: Fett und Lauge; *Reaktionsprodukte*: Seife und Glycerin

2 Kernseife: Natronlauge; Schmierseife: Kalilauge

3 Durch die Zugabe von Kochsalz zum Seifenleim entsteht eine Kochsalzlösung. Da sich die Seife in der Kochsalzlösung schlecht löst, scheidet sie sich an der Oberfläche ab.

4 Traditionell wird Seife in einem Schritt hergestellt (Fett und Lauge werden zusammen erhitzt). Die technische Seifenherstellung aus Fetten erfolgt dagegen in zwei getrennten Schritten: der Fettsäureherstellung und der Neutralisation der Fettsäuren.

Bau und Eigenschaften der Seife

S. 367

1 Seifenteilchen bestehen aus einer hydrophoben Kohlenwasserstoffkette und einem hydrophilen „Kopf".

2 Der „Kopf" ist polar und besitzt hydrophile (wasserliebende) und lipophobe (fettabweisende) Eigenschaften. Der Alkylrest kann aus 12 bis 18 Kohlenstoffatomen bestehen. Er ist unpolar, hydrophob (wasserabweisend) und lipophil (fettliebend).

3 Durch die Anwesenheit der Seifen-Anionen werden die Anziehungskräfte und der Zusammenhalt der Wassermoleküle an der Oberfläche verringert, wodurch die Oberflächenspannung herabgesetzt wird. Die Flüssigkeit wird beweglicher und dringt leichter in feine Räume (z. B. Gewebefasern) ein.

4 *Benetzen:* Die Seifenanionen lagern sich mit ihrem hydrophoben Ende an den Fasern und am Schmutz an. Der hydrophile „Kopf" ragt ins Wasser.
Ablösen: Die hydrophilen „Köpfe" der Seifenteilchen stoßen sich untereinander ab; dies führt dazu, dass sich Mizellen mit eingelagertem Schmutz bilden, die sich von der Faseroberfläche ablösen.
Verteilen: Die zunächst großen Mizellen verkleinern sich durch die Abstoßung der hydrophilen Köpfe untereinander immer weiter.

5 Seifen bilden in Wasser Hydroxid-Ionen, die entstehende alkalische Lösung greift den Säureschutzmantel der Haut an. Besonders bei „hartem" Wasser kommt es zur Bildung von „Kalkseife", die den Reinigungsvorgang beim Waschen von Wäsche beeinträchtigt und die Gewebefarbe und -struktur beeinträchtigt.

6 *Zusammensetzung:* Seifen mit der Aufschrift „pH-neutral" bestehen nicht aus der herkömmlichen Seife, sondern aus sogenannten Syndets (synthetische Detergentien).
Eigenschaften: pH-neutrale Seifen lösen wie Seife Verschmutzungen und Fett von der Haut und bilden Schaum. Sie reagieren mit Wasser nicht alkalisch und greifen deshalb nicht den Säureschutzmantel der Haut an.

Waschmittel

S. 369

1 Tenside, Enthärter, Zusatzstoffe wie Bleichmittel, Enzyme, optische Aufheller und Stabilisatoren

2 Tenside sind waschaktive und schmutzlösende Substanzen mit einem seifenähnlichen Aufbau.

3 Die heutigen Tenside unterscheiden sich durch die Art der

hydrophilen „Köpfe" von der „normalen" Seife, teilweise können auch die unpolaren Reste einen anderen Aufbau aufweisen. Durch die Veränderung der hydrophilen Gruppe werden das Waschverhalten und andere Eigenschaften beeinflusst.

4 Enthärter sind anorganische Salze, die Härtebildner (Calcium- und Magnesium-Ionen) in ihr Kristallgitter einlagern können und dadurch Kalkablagerungen verringern.

5 Idealerweise sollte das Waschmittel Protease enthalten, da es Eiweiße in kleine Bestandteile spalten kann, die durch die Tenside entfernt werden können.

6 Individuelle Beantwortung durch die Schülerinnen und Schüler. Beispiel:
- Waschmittel entsprechend der Wasserhärte und des Verschmutzungsgrades dosieren
- Verwendung phosphatfreier Waschmittel
- Achten auf leicht abbaubare Zusatzstoffe (Tenside aus natürlichen Rohstoffen)
- Verzichten auf überflüssige Zusatzstoffe (Farb-, Duft- und Konservierungsstoffe)

b Individuelle Beantwortung durch die Schülerinnen und Schüler. Beispiele:

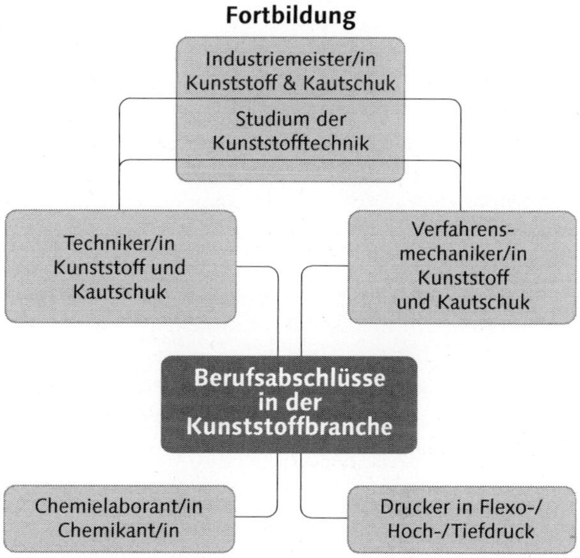

Werkstoffe

S. 373

1 Individuelle Beantwortung durch die Schülerinnen und Schüler. Beispiele:
Steinzeit, Kupferzeit, Bronzezeit, Eisenzeit

2 Vollsynthetische Kunststoffe werden aus Erdölbestandteilen und Zusätzen, die die Eigenschaften beeinflussen, hergestellt. Halbsynthetische Kunststoffe werden aus Naturstoffen wie dem Milchsaft der Kautschukbäume unter Zusatz von Chemikalien produziert.

3 Individuelle Beantwortung durch die Schülerinnen und Schüler. Beispiele:
Metallwerkzeuge, Holzkochlöffel, Zeichenblock, Münzgeld, Porzellangeschirr, Schlüssel, Gläser …

4 a Individuelle Beantwortung durch die Schülerinnen und Schüler. Beispiele:
- Verfahrensmechaniker/in Kunststoff- und Kautschuk
- Drucker/in Flexodruck/Hochdruck/Tiefdruck
- Chemielaborant/in/, Chemikant/in
- Techniker Kunststoff und Kautschuk

Herstellen von Kunststoffen

S. 375

1 Bei der Herstellung von Polyethen verknüpfen sich viele Ethen-Moleküle miteinander, indem sie ihre Doppelbindungen aufbrechen und die frei werdenden Elektronenpaare als Bindungselektronen nutzen.

2 Bei der Polykondensationsreaktion reagieren Monomere miteinander, die über mindestens zwei funktionelle Gruppen verfügen. Zusätzlich zum Makromolekül entsteht als weiteres Reaktionsprodukt Wasser.

3 a Der Helm ist durch die Polymerisation von Propen-Monomeren entstanden.

b

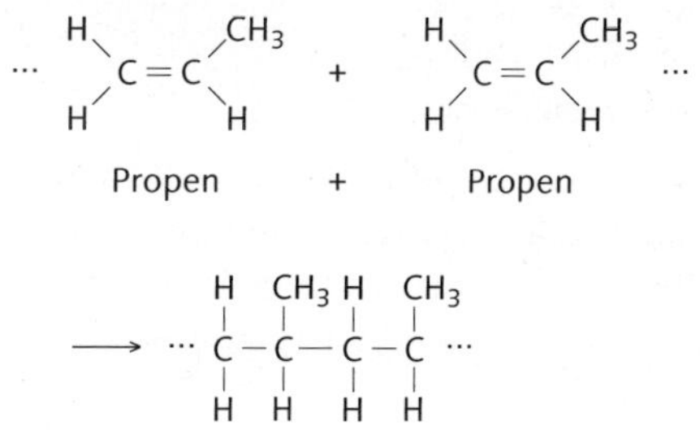

Polypropen

Auf die Vernetzung kommt es an

S. 377

1 a Thermoplaste, Duroplaste, Elastomere
b *Thermoplaste und Duroplaste:* Verwendung erfolgt weitgehend analog für Bauteile, an die keine speziellen Materialanforderungen über die Härte hinaus bestehen (Motorabdeckung, Reflektoren); *Elastomere:* Verwendung für Bauteile, für deren Betrieb die Flexibilität der Elastomere von Bedeutung ist (Reifen)
c *Thermoplaste:* werden beim Erwärmen weich und verformbar, da sie aus nebeneinanderliegenden Makromolekülen bestehen, die leicht aneinander vorbeigleiten können; *Duroplaste:* sind hitzebeständig und nicht verformbar, da sie aus einem Geflecht stark vernetzter Makromoleküle bestehen; *Elastomere:* lassen sich unter Druck und Zug verformen, da ihre Makromoleküle nur locker miteinander verknüpft sind.

2 a Die Folie dehnt sich in geringem Umfang aus und lässt sich auf diese Weise über die Schüssel spannen.
b Polyethen ist ein Thermoplast und lässt sich deshalb zu einem gewissen Grad dehnen, dabei gleiten die Makromoleküle aneinander vorbei. Dehnt man die Folie zu weit, reißt sie jedoch, weil die Anziehungskräfte zwischen den Makromolekülen überwunden werden.

Exkurs – Kunststoffmüll

S. 379

1 Bei der Verbrennung von Kunststoffabfällen können hochgiftige Chlorverbindungen entstehen, die aufwendig entsorgt werden müssen; dadurch wird die Umwelt belastet.

2 *Werkstoffliches Recycling:* sortenreine Trennung mit nachfolgender Wiederaufbereitung (Problem: Qualitätsminderung); *rohstoffliches Recycling:* Zerlegung der Makromoleküle in ihre Monomere, die dann zum Erzeugen neuer Produkte verwendet werden können

3 Durch die Kunststoffabfälle, die ins Meer gelangen, sterben jedes Jahr schätzungsweise etwa eine Million Seevögel, viele Tausend Robben und unzählige Fische. Die Meereslebewesen können den zerkleinerten Kunststoffmüll nicht von Nahrung unterscheiden und nehmen ihn statt dieser auf. Auf diese Weise kann der Kunststoffmüll, der unter anderem gesundheitsschädliche Weichmacher enthält, auch in die menschliche Nahrungskette gelangen.

Nanotechnologie

S. 381

1 Unter dem Lotuseffekt versteht man die selbstreinigende Wirkung einiger Oberflächen. Der Lotuseffekt beruht darauf, dass manche Oberflächen winzige Strukturen enthalten, auf denen Flüssigkeiten abperlen können, wobei sie auf der Oberfläche befindliche Schmutzpartikel mitnehmen.

2 Die Nanotechnologie beschäftigt sich mit kleinsten Partikeln und Strukturen (gr. *nano:* Zwerg), deren Durchmesser kleiner als 100 Nanometer sind.

3 Individuelle Beantwortung durch die Schülerinnen und Schüler. Beispiele:
Beim Eincremen mit Sonnenschutzmitteln, beim Autofahren, beim Essen von Pommes mit Ketchup

4 Nanosilber wird in Sportkleidung als keimtötende Substanz eingesetzt: Es hemmt das Wachstum von Bakterien und Pilzen.

5 Individuelle Beantwortung durch die Schülerinnen und Schüler. Beispiel:
In der Wirtschaft wird der Fokus vermutlich auf den positiven Aspekten wie selbstreinigenden Oberflächen und neuen medizinischen Möglichkeiten liegen. Im Gegensatz dazu werden Umwelt- und Verbraucherschutz sich kritischer äußern und neben den offensichtlichen Vorteilen auch die Nachteile, die sich aus dem geringen Grad der Erforschung ergeben, betonen. In der Wissenschaft sollten Offenheit und der Wunsch nach Aufklärung im Vordergrund stehen.

Klebstoffe

S. 383

1 Die Handyfolie haftet aufgrund schwacher Adhäsionskräfte am Display. Man bezeichnet dies als Haftklebung.

2 *Adhäsion:* Zusammenhalt von zwei Stoffen durch die Anziehungskräfte (Adhäsionskräfte), die beim Zusammentreffen der beiden Stoffe auftreten; *Kohäsion:* Zusammenhalt von den Molekülen im Klebstoff untereinander.

3 Die Wassermoleküle wirken als „Klebstoff" und verstärken die Adhäsion zwischen dem Papier und der Autoscheibe.